Henner Kotte **Flucht über die Todeszelle**

Henner Kotte

Flucht über die Todeszelle

und fünf weitere Raubfälle

Bild und Heimat

Von Henner Kotte liegen bei Bild und Heimat außerdem vor:

Blutige Felsen. Kriminalstories aus der Sächsischen Schweiz (2015)

Blutiges Erz. Kriminalgeschichten aus dem Erzgebirge (2016)

Raubsache Leipzig und vier weitere Verbrechen (Blutiger Osten, 2016)

Bonnie und Clyde vom Sachsenplatz und zwei weitere authentische Kriminalfälle aus Dresden (2016)

Leipziger Heimsuchung und vier weitere Verbrechen (Blutiger Osten, 2016)

Stiefel für den Tod und zwei weitere Verbrechen (Blutiger Osten, 2017)

Russentod in Frauenstein und sieben weitere authentische Kriminalfälle aus dem Erzgebirge (2017)

Ministermord unter der Augustusbrücke. Der Tod von Gustav Neuring in Dresden (2017)

ISBN 978-3-95958-117-2

1. Auflage
© 2017 by BEBUG mbH / Bild und Heimat, Berlin
Umschlaggestaltung: capa
Umschlagabbildung: Chris Keller / bobsairport
Druck und Bindung: GGP Media GmbH, Pößneck

FSC
www.fsc.org
MIX
Papier aus ver-
antwortungsvollen
Quellen
FSC® C014496

In Kooperation mit der SUPERillu
www.superillu-shop.de

Inhalt

Die Vielfalt unglaublicher Kunstdiebstähle

Das Loch lockt den Dieb herbei.

Sprichwort

22. August 1911: »Heute nachmittag nahmen die Diener des Louvre-Museums zu ihrer größten Bestürzung wahr, daß eines der berühmtesten Bilder der Sammlung, die *Gioconda* von Leonardo da Vinci (auch *Mona Lisa* genannt), verschwunden war. Von dem Bilde, das im Salon de Paris den Ehrenplatz eingenommen hatte, war nur der Rahmen zurückgeblieben. Der Polizeipräfekt, der hiervon verständigt wurde, ließ sofort die Galerieräume und das Louvre-Museums absperren. Man glaubte zuerst, daß einige Photographen, die die Bewilligung zur Reproduktion der *Gioconda* erhalten hatten, das Bild vielleicht in ihr Atelier geschafft hätten, doch stellte sich diese Annahme als Irrtum heraus. Man hält es kaum für möglich, daß ein wirklicher Diebstahl vorliegt, da es ausgeschlossen erscheint, dieses weltberühmte Bild zu Gelde machen zu können. Es heißt, auf der Polizei neige man zu der Ansicht, daß es sich um den schlechten Scherz eines Reporters handelt, der hierdurch nachweisen wolle, daß die Überwachung des Louvre-Museums, die schon oft gerügt wurde, in der Tat eine sehr mangelhafte sei. Die Nachforschungen nach der *Gioconda* des Leonardo da Vinci blieben erfolglos. Nach den Louvrebeamten dürfte sich der Dieb während der Reinigung des Saales eingeschlichen, das Bild während der Nacht aus dem Rahmen gehoben, die Einfassung teilweise zerstört und sich mit der zusammengeworfenen Leinwand entfernt haben.«

Die Meldung in der *Leipziger Volkszeitung* scheint auch heute unvorstellbar: Die *Mona Lisa* gestohlen! Und doch war der dreiste Kunstraub nicht zu leugnen, die Wand im Louvre, sie blieb leer zwei Jahre lang. Zunächst verdächtigte man Künstler, das wertvollste Gemälde der Welt gestohlen zu haben, um es ganz für sich zu besitzen: Pablo Picasso und Guillaume Apollinaire. Ein Irrtum, denn Anstreicher Vincenzo Peruggia, Hilfskraft für Malerarbeiten im Louvre, entwendete die *Mona Lisa* einfach, weil sich ihm die Gelegenheit dazu geboten hatte und weil er seinem Vaterlande dienen wollte. Nationalisten hatten lange schon gefordert, dass ein Meisterwerk von einem Italiener auch in dessen Heimatland gehöre: Italien! Peruggia lagerte *Mona Lisa* unter seinem Bett und bot, nachdem Aufregung und Schlagzeilen sich gelegt hatten, *La Gioconda* Florentiner Kunsthändlern an. Die unterzogen das ihnen angebotene Gemälde einer Echtheitsprüfung. Wahrlich: Sie war es! Nichts Schlimmes ahnend wurde der Dieb verhaftet und sein Raubgut an Frankreich zurückgegeben. Der Täter war geschockt: »Man sieht, sie haben nichts verstanden!«

Kein noch so guter Kriminalautor hätte sich diese Geschichte ausdenken können, die Realitäten übertreffen stets wieder jede Phantasie. Über schier unglaubliche Kunstdiebstähle berichtet die Presse seit Jahrhunderten immer wieder. Schlagzeilen letzter Jahre:

3. Juni 2002: »Unbemerkt von Tausenden Besuchern der Hamburger Kunsthalle ist es Dieben gelungen, eine Bronzestatue des Schweizer Malers, Zeichners und Bildhauers Alberto Giacometti gegen eine ungenaue Holzkopie auszutauschen.«

22. August 2004: »Edvard Munchs weltberühmtes Gemälde *Der Schrei* ist am Sonntag aus einem Museum in Oslo gestohlen worden. Vor den Augen der entsetzen Besucher entwendeten mehrere bewaffnete Männer das Kunstwerk.«

18. Juli 2013: »Letztes Jahr entwendeten Diebe in Rotterdam Werke von weltbekannten Künstlern wie Matisse, Monet und Picasso. Jetzt ist klar: Die Bilder wurden von den

Tätern in Serbien verbrannt und sind damit auf ewig verloren.«

16. Juli 2014: »Ausgelassen haben zwei junge Männer den WM-Sieg der Deutschen gefeiert. Mit ordentlich Euphorie und Alkohol im Blut beschlossen sie, über ein Baugerüst ins Germanische Nationalmuseum einzubrechen und dieses Gemälde zu stehlen: *Herr und Dame* von Emil Nolde – Wert gut 900.000 Euro. Noch auf dem Museumsgelände wurden die zwei von der Polizei gestellt.«

16. April 2016: »Aus der Kunstsammlung der ehemaligen WestLB in Düsseldorf sind zwölf wertvolle Werke berühmter Künstler gestohlen worden. Unter anderem fehlten Lithografien der berühmten Stier-Serie von Pablo Picasso sowie ein Werk der Expressionistin Gabriele Münter, bestätigte ein Sprecher der WestLB-Nachfolgerin Portigon AG einen Pressebericht. Demnach hätten Mitarbeiter bereits um den Jahreswechsel 2014/15 bemerkt, dass der Tresorraum für Kunst zu ungewöhnlichen Zeiten geöffnet worden war. Eine Prüfung habe dann ergeben, dass Kunstobjekte fehlten.«

27. März 2017: »Spektakulärer Einbruch auf der Berliner Museumsinsel: Eine etwa 100 Kilogramm schwere und einen halben Meter breite Goldmünze mit dem geschätzten Wert von umgerechnet 4 Millionen Franken haben Einbrecher in der Nacht zum Montag unbemerkt aus dem Bode-Museum in Berlin gestohlen.«

Kriminalität der Gegenwart.

Doch ist Kunstdiebstahl kein Phänomen moderner Zeiten, er ist seit altersher belegt. »In der Antike war der Kunstraub noch stark von religiösen Motiven getrieben. Denn mit dem Raub der dem Kult geweihten Kunstdenkmäler wurde den Feinden auch der Schutz ihrer Götter entzogen. Als mit der Zeit Kunstwerke aus wertvolleren Materialien wie etwa Gold und Elfenbein angefertigt wurden, wurde auch Habgier zu einem grundlegenden Motiv für den Raub. Bereits in antiken Schriften ist Kunstraub bezeugt.

So berichtet Herodot vom persischen König Xerxes, der 479 v. Chr. mit seinem Heer in Athen einfiel und nach der Eroberung unter anderem die Statuen der sogenannten Tyrannenmörder, Harmodios und Aristogeiton, in die persische Hauptstadt Susa mitnahm. Dieses Monument, dessen ursprünglicher Aufstellungsort zwischen Agora und der Akropolis lag, war von den Bürgern Athens als Denkmal des Beginns der attischen Demokratie in Auftrag gegeben worden und diente der Repräsentation ihrer Kulturauffassung.

Der Raub der Statuen ist nur ein Beispiel dafür, dass bevorzugt symbolträchtige Kunst geraubt wurde, die im historischen Bewusstsein der Unterdrückten eine Rolle spielte. Die militärische Niederlage wurde somit zu einer kulturellen Demütigung ausgeweitet. Die Epoche der römischen Republik sowie die darauffolgende Kaiserzeit spielt im Zusammenhang mit Kunstraub eine wichtige Rolle. Verbunden mit der Intention des Siegerpreises, die hinter dem Raub eines Kunstwerkes stand, wurde dieser zunehmend als äußerliche Manifestation der Herrschaft angesehen. Die Inszenierung der Kunstwerke während der Triumphzüge der Feldherren und ihre öffentliche Zurschaustellung festigten die Erinnerungen an den Sieg. So zielte der Kunstraub auch auf eine moralische Erniedrigung des Feindes ab und sollte die absolute Überlegenheit demonstrieren. Dieser imperialistische Geist reicht bis in die Jetztzeit.«

Aus politischen Motiven raubt und verhökert man auch heute Kunst aus Kriegsgebieten. »27 Millionen Euro lukrierten die Terrormilizen des ›Islamischen Staates‹ (IS) allein nach ihren Raubzügen durch die antiken Stätten nahe der syrischen Stadt Al Nabuk. Den radikal-islamischen Kämpfern waren teils über 8000 Jahre alte Kunstschätze in die Hände gefallen – zu wertvoll, um die aus ihrer Sicht ›unislamischen‹ Darstellungen zu zerstören. Auf dem weltweiten, illegalen Kunstmarkt lassen sich mit den antiken Skulpturen, Steinen und Reliefs Vermögen verdienen.«

Der amerikanische Kriminologe John E. Conklin macht fünf Motive für heutigen Kunstdiebstahl aus:

Täter, die hoffen, gestohlene Kunst selber an Hehler oder durch Vermittlung veräußern zu können.

Täter oder Gruppen, die Kunstwerke auf Bestellung und für eine Provision stehlen.

Kunstdiebe, die die Kunstwerke gegen ein Lösegeld den Eigentümern zum Rückkauf anbieten (Artnapping).

Täter, die die Kunst für sich und ihre eigene Sammlung stehlen.

Eine (kleine) Gruppe, die Kunst stiehlt, um damit politische Ziele durchzusetzen.

Museen und Kirchen, Kunstliebhaber und Galerien versuchen mit allen möglichen Mitteln, ihre Kunstschätze zu sichern. Doch Täter finden stets die Lücken im überaus sicheren Sicherungssystem. Zum anderen kostet Schutz enorme Summen, die sich nicht jedes Haus, das Kunst beherbergt, leisten kann und will.

Auch die DDR besaß Kunst und Kunstschätze, sie warb für ihre Werte und Besucher. »Dresden, die traditionsreiche Großstadt mit einer dynamischen Industrie, zahlreichen Instituten und Hochschulen, reizvollen historischen Bauten und landschaftlichen Schönheiten, Wirkungsstätte namhafter Künstler und Gelehrter, entwickelte sich immer mehr zu einem Zentrum der lebendigen und dauerhaften Begegnung breiter Kreise mit der Kunst. Dresden, dieser ›heitere Morgenstern der Jugend‹, das der greise Gerhart Hauptmann entsetzt beklagte, als er die Stadt von der Elbhöhe aus im Feuersturm der Bomben versinken sah, begrüßt heute wieder Gäste aus aller Welt mit kostbaren Zeugnissen der Weltkultur, die nicht nur in der Gemäldegalerie, sondern auch in zahlreichen anderen Museen der sächsischen Metropole bewahrt werden; und die traditionsreichen Museen der Stadt am Strom bereichern das kulturelle Antlitz unseres Landes.«

Und nicht nur die Dresdner Museen waren Leuchttürme der DDR-Kultur, auch die Berliner Museumsinsel, die Galerie Moritzburg in Halle, Schloss Sanssouci, der Erfurter Dom oder die Kunsthalle Rostock präsentierten stolz Kunstwerke und -schätze. Außerdem bargen Stadtmuseen, Schlösser und weniger bekannte Gedenkstätten erstaunliches Kulturgut.

Zweifelsohne, es wurde auch in der DDR Kunst gestohlen, und die Diebe handelten zuweilen spektakulär und äußerst dreist. Die größten Kunstdiebstähle in der DDR sind bis heute im Gedächtnis der Nation, weil sie unaufgeklärt blieben, die Lücken an den Wänden und in den Vitrinen noch immer sichtbar sind.

20. September 1977: »40 Schmuckstücke verschwinden am hellerlichten Tag aus dem Stadtmuseum Dresden. Ein Mitarbeiter stellt während einer Führung fest, dass in einer Vitrine wertvolle Gegenstände fehlen. Preziosen, die in der Dresdner Sophienkirche bei Ausgrabungsarbeiten gefunden wurden. An der Vitrine sichert die Polizei zwölf Finger- und sieben Faserspuren. Über 700 Personen hatte die Kripo bereits zwölf Tage nach dem Diebstahl erfasst. Bis zu dem Tag, an dem das Verfahren eingestellt wurde, mussten sich fast 3500 Personen den Fragen der Ermittler stellen. Alle wurden verdächtigt, die an diesen Tagen im Museum waren: Besucher, Handwerker, Kunstsammler und alle Museumsmitarbeiter. ›Das war völlig absurd‹, erinnert sich die damalige stellvertretende Direktorin. Zehn Jahre nach dem Raub führt eine erste Spur zum Schatz. Im April 1986 taucht auf dem Münzsammler-Markt ein einzelnes Stück auf – die Klippe der sächsischen Kurfürstin Magdalena Sibylla, eine rechteckige goldene Münze. Diese Klippe kehrte Ende 1987 nach vielen diplomatischen Verhandlungen aus der Schweiz zurück in die DDR, der Rest der Beute bleibt verschollen.

Erst weitere zwölf Jahre später wird der Fall noch einmal ins Laufen gebracht. Der Münchner Hubert Lanz gibt den entscheidenden Tipp: Ein renommierter Kunsthändler in Oslo wolle historischen Schmuck verkaufen. Könne das nicht der aus Dresden sein?« Er ist es. Zumindest Teile davon. Doch fehlen bis heute aus dem Schatz der Dresdner Sophienkirche noch 18 Stücke.

13. Dezember 1979: »Einer der spektakulärsten Kunstdiebstähle der DDR und der deutschen Nachkriegsgeschichte ist auch nach 30 Jahren ungeklärt. In dieser Nacht stahl man in einer Nacht- und Nebelaktion und auf sehr mysteriöse Weise fünf Gemälde alter Meister aus Schloss Friedenstein in Gotha: *Brustbild eines jungen Mannes* von Frans Hals, *Landstraße mit Bauernwagen und Kühen* von Jan Brueghel dem Älteren, *Selbstbildnis mit Sonnenblume* von Anthonis van Dyck, *Alter Mann* von Jan Lievens sowie von Hans Holbein d. Ä. *Heilige Katharina*. Geblieben sind dem Museum nur Schwarz-Weiß-Aufnahmen der Bilder. Der Raub ist rätselhaft. Es gibt bis heute nicht die kleinste Spur zu Tätern, Hintermännern und Verbleib der Kostbarkeiten. Der Wert wurde damals mit fünf Millionen DDR-Mark angegeben, heute schätzt man ihn auf mindestens 50 Millionen Euro. Fakt ist, dass die Täter bestens vorbereitet und informiert waren. Die neu eingebaute Alarmanlage sollte drei Tage später aktiviert werden. Mindestens ein Täter ist mit Steigeisen an der Westfassade des imposanten Barockschlosses über Dachrinne und Blitzableiter bis zum zweiten Obergeschoss geklettert und durch ein Fenster eingestiegen: Wahrscheinlich gegen zwei Uhr nachts. Die Klimaschreiber registrierten um diese Zeit einen Temperaturabfall. Die Dezembernacht war stockdunkel, stürmisch und regnerisch. Kaum ein Mensch war unterwegs. ›Und trotzdem war es ein hohes Risiko, zufällig entdeckt zu werden. Seltsam auch, dass Bilder aus mehreren Räumen gestohlen und mit ihren schweren Rahmen durch den Schlosspark abtransportiert

wurden‹, erklären Museumsmitarbeiter. Alles spreche für einen Auftragsdiebstahl. ›Normalerweise klaut jemand in kurzer Zeit so viele Bilder wie möglich und schneidet sie aus dem Rahmen‹, meinen Fachleute. In Gotha seien jedoch gezielt vorrangig Niederländer ausgewählt worden – und warum wurden beispielsweise die kostbaren Bilder von Lucas Cranach hängengelassen?«

17. Mai 1980: »Die Altartafeln von Lucas Cranach d. Ä. in der Patronatskirche Klieken bei Coswig (Anhalt) wurden brutal aus ihren Angeln gerissen und geraubt. *Die Spuren wiesen eigentlich auf sehr unprofessionell wirkende Täter hin‹, meinen die Ermittler und denken, die Täter schnell fassen zu können. Jedoch* verloren ihre Fährtenhunde irgendwo an der Autobahn die Spur. Die Suche auf den Wiesen der Umgebung in der Elbaue brachte ebenfalls kein Ergebnis. Was blieb, war die einzige Spur, die von den Kriminalisten auf dem Altartuch sichergestellt werden konnte. Es handelte sich um den Abdruck eines Sportschuhes aus DDR-Produktion der Größe 42. *Trotz all der Spuren und Hinweise* blieben die Kunstwerke verschollen, bis der Kunsthistoriker Prof. Johannes Erichsen sie 2006 durch Zufall (oder Fügung) im Schaufenster eines Antiquariats in Bamberg wiederentdeckte. 2009 konnten die Tafeln nach Sachsen-Anhalt und für einen Tag auch in die Kliekener Kirche zurückkehren. Vor der endgültigen Rückkehr mussten jedoch nicht nur die Bilder, sondern vor allem die Kirche saniert, gesichert und in einen angemessenen Zustand gebracht werden. 900.000 Euro haben die Maßnahmen gekostet, die nun abgeschlossen sind. Zahlreiche institutionelle Förderer und Einzelspender haben dies möglich gemacht.«

Bei den stattgefundenen Großraubzügen in Klieken, Dresden oder Gotha sind noch immer keine Täter überführt. Gerüchte über die Diebe und deren Hintermänner gibt es viele. »Mielke ließ Sophienschatz klauen! Alles am Diebstahl war mysteriös. Ein LKA-Ermittler: ›Es gab damals keine Fingerabdrücke, die Überwachungskamera war manipuliert und der Wachmann just an dem Tag zum Wehrkreiskommando nach Karl-Marx-Stadt bestellt.‹ 150 DDR-Kriminalisten verhörten 3200 Zeugen – und fanden nichts! Nach Monaten wurde die Akte geschlossen. Als das LKA 1999 Teile des Schatzes beim Osloer Münzhändler Gunnar Thesen beschlagnahmte, kam heraus: Er hatte sie aus Kopenhagen von Händler Arne Jacob Becker. Und jener Herr Becker war Mitarbeiter der Kunst- und Antiquitäten GmbH (K&A), die zum von der Stasi gelenkten Firmen-Geflecht Kommerzielle Koordinierung (KoKo) gehörte. 14 Tage vor seinem Tod verriet ein Insider, dass Stasi-Chef Mielke den Raub befohlen hatte. Der Schatz lagerte dann noch rund zwei Jahre in der DDR, bevor er an Becker ging.«

Auch im Falle Klieken weisen Mutmaßungen in diese Richtung: Raub in staatlichem Auftrag. »Ein Täter konnte nicht ermittelt werden. Weil der Fall aber so viel Staub aufgewirbelt hatte, übernahm ihn die Bezirksdirektion der Volkspolizei in Halle. Und, wie später aus den Akten ersichtlich, hatten auch die ›Kundschafter von der unsichtbaren Front‹ ihre Finger mit im Spiel, das Ministerium für Staatssicherheit riss die Ermittlungen an sich. Vielleicht deshalb, weil ins Visier der Ermittler auch Kliekener kamen, die Kontakte in den Westen hatten. In jedem Fall aber, so die Vermutungen, könnte das Diebesgut in Richtung Westen über die A9 weggebracht worden sein. Nach Meinung einiger Kliekener hätte der Diebstahl auch vom Staat selbst inszeniert worden sein können. Die Devisenbeschaffer der DDR hätten schon ganz andere Geschäfte abgewickelt. Warum nicht auch dieses? Der Fall wurde als ›brisant‹ angesehen. Alle Meldungen darüber gingen bis nach Berlin.«

Raub im Namen des Volkes, war das möglich, war das gewollt, gar sanktioniert? Die Antwort darauf eindeutig: Ja!

Die Volkskammer hatte am 3. Juli 1980 ein Gesetz zur »Erhaltung und Pflege des Kulturgutes in der Deutschen Demokratischen Republik« erlassen. »Kulturgut im Sinne dieses Gesetzes war alles für das gesellschaftliche Leben der DDR besonders bedeutungsvolle Gut von hohem historischem, wissenschaftlichem oder künstlerischem Wert, das nationale oder internationale Bedeutung erlangen konnte. Das zu schützende Kulturgut wurde erfaßt und registriert. Soweit das Kulturgut nicht zum Volkseigentum gehörte, bestand eine Anmeldepflicht des Eigentümers, Verfügungsberechtigten oder Besitzers für besonders wertvolle Einzelstücke sowie Sammlungen. Die Rechtsträger und Eigentümer und andere Verfügungsberechtigte sowie die Besitzer von Kulturgut hatten dieses vor Verlust, Beschädigung und Zerstörung, vor Gefährdungen durch Nutzung, Transport oder Lagerung zu schützen, es vor Beeinträchtigungen und Schaden durch äußere Einflüsse oder durch Zerfall zu bewahren und alle Maßnahmen zur Wiederherstellung der ursprünglichen Substanz und Wirkung unter Berücksichtigung seiner normalen altersbedingten Veränderungen zu treffen. Die Ausfuhr von Kulturgut bedurfte einer vorherigen staatlichen Genehmigung. Bei Versagung der Ausfuhrgenehmigung für Kulturgut, dessen Eigentümer oder Verfügungsberechtigter seinen Wohnsitz oder Sitz im Ausland hatte oder begründete, konnte das zuständige staatliche Organ einen Vertrag über Leihe, die Verwaltung oder den Kauf des Kulturgutes anstreben bzw. einen Kurator zur Verwaltung des Kulturgutes einsetzen, wenn ein solcher Vertrag nicht zustande kam. Zuwiderhandlungen gegen die Schutz- und Erhaltungspflichten und gegen die Genehmigungspflicht waren strafbar.«

Die Historiker: »Anders als es das Gesetz vom 3. Juli 1980 vermuten läßt, war es in der Praxis der ehemaligen DDR um den Kulturgutschutz schlecht bestellt. Es fand ein systematischer Ausverkauf von Kultur- und wissenschaftlichem Bibliotheksgut in das sogenannte nichtsozialistische Wirtschaftsgebiet statt, um über die guten Kunden aus der Bundesrepublik Deutschland, Großbritannien, Belgien, den Niederlanden, Italien oder der Schweiz die dringend benötigten Devisen zu erhalten. Von der flächendeckend organisierten Plünderung waren zwar nicht in erster Linie die hochrangigen Kulturgüter betroffen. Diese waren durch das Gesetz hinlänglich geschützt. Aber auch der nahezu vollständige Abfluß der vom Kulturgutschutzgesetz nicht erfaßten sogenannten kulturellen Gebrauchtwaren, wie Jugendstilkunst, Möbel und Hausrat deutscher Bauhausmeister, Porzellan, Bauernkunst oder Militaria wurden als Verlust für die ästhetische und geistige Kultur und als Verarmung der Lebensweise und des Alltags empfunden. Drahtzieher des staatlich organisierten Raubzugs auf das Kulturgut in der ehemaligen DDR war die Kunst und Antiquitäten GmbH (K&A), Internationale Gesellschaft für den Export und Import von Kunstgegenständen, einer von zwölf Außenhandelsbetrieben des Bereichs Kommerzielle Koordinierung (KoKo) unter Alexander Schalck-Golodkowski.«

Das Verschwinden von Kunst aus privater Hand und Museumsbeständen in dunkle Kanäle wurde vom aufmerksamen DDR-Bürger sehr wohl bemerkt. Gerüchte über den »Ausverkauf« des eignen Landes mehrten sich. Bei den tatsächlich stattgehabten Raubzüge nahm es nicht Wunder, wenn man die Täter in offiziellen Kreisen vermutete. Medial wurde selten über Kunstdiebstähle berichtet, und wenn die Fakten tatsächlich anders lagen, man Einzeltäter überführen konnte, wurden sie agitatorisch genutzt:

Im April 1973 konnte sich »ein Mann im Meißner Stadtmuseum in einer großen Kiepe verstecken und einschließen lassen, als die Besuchszeit zu Ende war. Der Schlüssel, das wusste er, wurde einfach in den Briefkasten geworfen. Er sammelte also in aller Ruhe Zinn, Porzellan, Münzen, Uhren, eine alte Bibel und ein Richtschwert ein, packte die Beute in die Kiepe, in der er sich verborgen hatte, holte sich den

Schlüssel aus dem Briefkasten und trug alles nach Hause. Das Gestohlene verkaufte er recht billig an zwei Sammler, denen dieser Erwerb vier und zweieinhalb Jahre eintrug, während der Dieb zehn Jahre erhielt.

Neun Jahre sprachen die Richter dem Leiter des Staatlichen Kunsthandels in Magdeburg zu, weil er kunsthandwerkliche Arbeiten aus dem Kulturhistorischen Museum in den Westen gebracht und dort verkauft hatte. Das war eine besonders verwerfliche Tat, weil sich der Staatliche Kunsthandel der DDR das Privileg gesichert hatte, über die Kunst und Antiquitäten GmbH in Mühlenbeck bei Berlin Wertvolles gegen Westgeld zu verkaufen«, stets an den Gesetzen des Arbeiter-und-Bauern-Staates vorbei.

Aus unserer Werbung: »›Es gibt Dinge, die sind und bleiben wertvoll und schön: Antiquitäten. Sie gehören zu den schönsten Zeugnissen der Kultur vergangener Zeiten. Wir freuen uns, Ihnen erlesene Stücke zeigen zu können‹, heißt es in einem Prospekt der K&A. ›Wir übernehmen für Sie die Zollabfertigung und auf Wunsch auch den Transport bei uns gekaufter Stücke von Haus zu Haus‹, wurde außerdem angeboten. Entscheidend aber war der letzte Satz: ›Verkauf in frei konvertierbarer Währung.‹ Denn diese Kunstwerke und Antiquitäten, mochten sie auch zum ›kulturellen Erbe der DDR‹ gehören, wurden nur für ›Valuta‹ in den Westen exportiert.

Das war allerdings kein Spezifikum der DDR. Ähnliche staatliche Handelsorganisationen, die Kunst und Antiquitäten gegen Devisen verkauften, gab es auch in Polen und in der Tschechoslowakei. Allerdings hatte man in der DDR bald Probleme mit dem Nachschub devisenträchtiger Ware. Nach den Zerstörungen des Krieges, den Enteignungen der Besitzenden, der Bodenreform mit ihren umfangreichen Beschlagnahmungen und der Flucht eines wesentlichen Teils jener Schicht, die den Sinn und das Geld für Kunstsammlungen hatte, war das reguläre Angebot – besonders nach dem Mauerbau 1961, nach dem nur noch selten der Besitz ›Republikflüchtiger‹ konfisziert werden konnte – nicht sonderlich groß.

Aber Schalck-Golodkowskis Untergebene wussten einen Ausweg. Sie ließen ausspionieren, wer Wertvolles besaß, erkundeten, wer Antiquitäten, Porzellan, Münzen oder Ähnliches sammelte – und konstruierten eine Straftat. Gewöhnlich war das eine ›Steuerschuld‹, weil der Sammler Stücke verkauft hatte, wenn er bessere kaufen konnte. Das wurde als ›Handel‹, ungenehmigt natürlich und infolgedessen ›kriminell‹, gewertet. Gewöhnlich entsprach die daraus errechnete ›Steuerschuld‹ dann ziemlich genau dem Wert der Sammlung (den man natürlich nicht nach dem Marktpreis, sondern der Konfiskationsabsicht entsprechend festlegte). Also wurde alles beschlagnahmt und der K&A übergeben. Und der bisherige Eigentümer musste noch froh sein, wenn er nicht zusätzlich zu einer Haftstrafe verurteilt wurde. Auf diese Weise kamen auch die letzten privaten Antiquitätenhändler in der DDR um ihr Geschäft und um ihren Besitz. Und die K&A zu geschätzten jährlichen Einnahmen von 60 Millionen Mark.

Aber das allein reichte den Mannen von der KoKo noch nicht. Immer wieder gerieten ihnen die Museen ins Visier. Sehr genau werden solche Vorgänge in dem Abschlussbericht der Kommission zur Untersuchung von Kunstverkäufen der Staatlichen Kunstsammlungen Dresden vom Juni 1990 dokumentiert. Solche Verkäufe begannen 1968, als Otto Dix den Leihvertrag für sein Triptychon *Der Krieg* kündigte. Um die für den Erwerb notwendigen 500.000 (West-) Mark aufzubringen, mussten, da die DDR-Regierung das Geld nicht bereitstellte, Depotbestände veräußert werden. Für die Dresdner Kunstsammlungen ein eher schlechtes Geschäft, weil ihnen nur ein Teil der Erlöse gutgeschrieben wurde. Aus der Galerie Neue Meister sind damals unter anderem Gemälde der beiden Brüder Achenbach, von Corinth, Dix, Kanoldt, Fritz von Uhde und Gotthard Kuehl verkauft worden.

1970 hat das Ministerium für Kultur die Museen erneut aufgefordert, ›ungenutzte Depotbestände aus der Schloss-bergung durchzusehen‹. Mit diesem doppelten Euphemis-mus wurde umschrieben, dass es sich einerseits um Kunst-werke handelte, die bei den Enteignungen nach dem Krieg während der ›Bodenreform‹ und später requiriert wurden. Diese hatte man in Sachsen beispielsweise auf Schloss Mo-ritzburg oder Albrechtsburg gehortet, ohne sie korrekt zu inventarisieren. Andererseits meinte das ›Durchsehen‹ die Auswahl von Stücken, die sich gegen Devisen verkaufen lie-ßen.«

Aufgrund einer Regierungsverfügung »sollten 1973 in einer großangelegten Aktion nationale Museumsbestände auf dem internationalen Kunstmarkt verkauft werden. Die K&A wurde gegründet, um diese Devisengeschäfte abzu-wickeln. Die Aktion scheiterte an dem heftigen Widerstand der Museumsdirektoren der ehemaligen DDR. In der Fol-gezeit entwickelte sich K&A jedoch mit Rückendeckung der DDR-Regierung zum Monopolisten für den Handel mit Kulturgut im westlichen Ausland. Eine ministerielle Wei-sung vom 1. Januar 1974 garantierte ihr das alleinige Recht zum ›Export und Import von Antiquitäten, bildender und angewandter Kunst, Volkskunst sowie Gebrauchtwaren mit kulturellem Charakter‹. Nach einer Durchführungsbe-stimmung zum Kulturgutschutzgesetz durfte die Ausfuhr geschützten Kulturgutes genehmigt werden, wenn sie ›im Interesse der sozialistischen Gesellschaft‹ lag oder ›ihrem Anliegen, das nationale Kulturerbe zu wahren und den Be-stand an allen national und international bedeutsamen Kul-turguts zu sichern‹, nicht zuwider lief.«

In jenem Jahr 1973 »sollte allein Sachsen Kunstwerke für 15 Millionen Mark aussondern, von denen für zwölf Millionen Dresdner Beiträge erwartet wurden. Da solche Summen nur mit außergewöhnlichen, also museumsnotorischen Stücken zu erzielen sind, wurde die Absicht bald publik und entsprechend in der westlichen Presse kommentiert. Deshalb sah sich die DDR-Regierung gezwungen, die Aktion abzubrechen. Nicht zuletzt wohl auch, weil in der Bundesrepublik die Gründung einer Nationalstiftung erwogen wurde, um diese Kunstschätze Deutschland zu erhalten.

Damit war der Verkauf von Museumsbesitz jedoch nicht generell unmöglich geworden. 1983 unterzeichneten die Staatlichen Kunstsammlungen Dresden mit der Kunst und Antiquitäten GmbH eine ›Vereinbarung über die Verwertung von Gegenständen, die für den Export freigegeben sind‹, gemeint war ausschließlich der ›Export in das nicht sozialistische Wirtschaftsgebiet‹. Wiederum sollten die Museen nur 30 Prozent davon in Westgeld, die restlichen 70 Prozent dagegen eins zu eins in Ostmark gutgeschrieben erhalten. 1987 wurde das Verhältnis sogar auf 25:75 Prozent reduziert. Trotzdem haben die Dresdner Galerien allein zwischen August 1988 und Juni 1989 668 Werke, vorwiegend Gemälde, an die K&A übergeben. Zuvor mussten die Restauratoren alle Hinweise bei den Bildern entfernen, die die Herkunft aus einem Museum in der DDR verraten hätten.« Und keineswegs abwegig schien somit, dass die Partei- und Staatsführung Kunstraub in Auftrag gab, und das Ministerium für Staatssicherheit diesen, um die geforderten Planziele an Valuta-Einnahmen zu erreichen, durchführte. »Gegenüber diesem großangelegten staatlichen Kunstdiebstahl, der die Substanz der Museen erheblich beeinträchtigte, sind die Diebe, so unehrenhaft und kriminell ihre Motive und ihre Handlungen auch waren, kleine Fische.«

Das Schicksal der geraubten Kunst zeigt künstlerische Wirkung bei Autoren in der DDR. So spielten Bilderraub und Kunstdiebstahl in sozialistischer Kriminalliteratur und -film eine erstaunlich häufige Rolle, wenn auch die Täter stets »die kleinen Fische« blieben, die den Sozialismus aus purem Egoismus schädigten.

»Ich komm' gar nicht aus den Schuhen. Es ist 'ne richtige Seuche, was so alles aus den Kirchen und Museen geklaut wird. Das geht einem langsam über die Hutschnur!«, klagt der Kunstsachverständige Dr. Winter im »Polizeiruf 110«. Man findet in der kleinen Kirche Dresden-Leubnitz »Eine Madonna zuviel« (1973), denn am Standort steht die Fälschung, das Original, es ist weg. Der DDR-Bürger hatte keinen Zweifel: »Nach einer wahren Begebenheit gestaltet«.

Auch viele andere Krimis nahmen sich dieses Sujets an: Um an das ersehnt Klein-Häuschen zu gelangen, versucht ein Interessierter die *Lücken in der Sammlung* (1973) beim Immobilien-Verkäufer zu füllen. *Das letzte Kabinettstück* (1977) ist für einen pathologischen Philatelisten höchstes Glück, für das er über Leichen gehen würde. *Museumsräuber* (1976) haben es auf preislich hochgeschätzte Veduten des Giovanni Battista Piranesi abgesehen. *Schritte im Regen* (1969) führen zu einem Rembrandt-Bild und in den Antikhandel der DDR. Die spannende Schullektüre der *Käuzchenkuhle* konfrontierte junge Pioniere mit Tod, Kunstdiebstahl und faschistischer Vergangenheit. Das »Konzert für einen Außenseiter« (1974) war eine Originalpartitur Robert Schumanns, die aus dem Zwickauer Schumann-Haus entwendet wurde. Zinngeschirr lagerte im *Gepäckfach 19* (1972). »Heiße Münzen« (1975) fanden sich bei einem selbstherrlichen Kunstverständigen wieder. Es gab die »Gefährliche Fahndung« (1978), die bei der Jagd nach Nazi-Raubkunst durch ganz Europa führte. Bei der *Dame aus Genua* (1969) begingen die Fälscher peinliche Kunstfehler, die sie überführten. Wie einem anderen Täter *Das Kettenhemd* (1987) zur Falle wird. Und manchmal verwiesen bereits die Titel auf den Kunstfrevel: *Die falsche Madonna* (1982), *Die todbringende Madonna* (1979) oder *Die enthauptete Mona Lisa* (1973).

Oft bezogen sich Autoren auf tatsächliches Geschehen. »Die Spur des 13. Apostels« (1983) führte zu ominösen Kunsthändlern ins westliche Deutschland, die per Auftrag stehlen ließen. Autor Wolfgang Held Blaupause zum Drehbuch war der ungeklärte Raub des Cranach-Altars in der Kliekener Kirche, was auch offiziell zum Film verbreitet wurde. Tom Wittgen scheint der Bilderraub zu Gotha Anregung gewesen zu sein. In der *Stiftsdame* (1985) sinniert der Leutnant der K Heinze: »Da hatte es also jemand eilig gehabt, drei Bilder zu entfernen, bevor elektrische Sicherungsanlagen das unmöglich machten. Seltsam auch, daß man nun noch die Kopie des Bildes gestohlen hatte, dessen Original schon 1945 verschwunden war. Mit Kunstdiebstählen hatte die Polizei so ihre Erfahrung. Manchmal waren die Täter Sammler. Sie stehlen, übermannt von ihrer Leidenschaft, und mußten den Gegenstand ihrer Verehrung verstecken, konnten ihn nur heimlich betrachten, wenn sie allein waren. Vielleicht gab es irgendwo in der Republik so einen krankhaften Liebhaber flämischer Meister. Die Ermittlungen liefen. Man würde ihn ausfindig machen. Übrigens verrieten sich die Leute früher oder später zumeist selbst, denn sie wollten Freunden und Gleichgesinnten die neuen Stücke ihrer Sammlung zeigen. Dagegen kam es kaum vor, daß man Kunstgegenstände stahl und innerhalb der DDR veräußerte. Solcher Handel wurde schnell ruchbar. Ein Geschäft lohnte sich nur mit dem Ausland. In den meisten Fällen wurde das Diebesgut in die BRD gebracht und von da aus weiter verhökert.« Die Parallelen sind offensichtlich. Doch sind die Motive in der Kriminalerzählung rein private: Der Täter stahl, weil er sich am Chef rächen wollte. Er war und blieb ein »kleiner Fisch«.

Politisch richtig auf Linie lag der Film *Kunstraub* (1980). Darin geben Täter aus dem Westen Aufträge, Kunstwerke zu entwenden. Die Schöpfer verkehren damit bewusst die wahren Abläufe der Raubzüge von A&K und KoKo und schieben Sozialismusfeinden die Schuld bis hin in die Steuerschuld zu. »Zu Anfang der 80er Jahre des 20. Jahrhunderts verging kaum ein Tag, an dem nicht in Funk, Fernsehen und in der Presse über Kunstdiebstähle in Ost und West berichtet wurde. Oftmals verbergen sich hinter diesen Verbrechen reiche Auftraggeber, die ihre Handlanger auf ein Objekt ihrer Begierde ansetzen. Die Ausführenden sind vielfach keine Einzeltäter mehr, sondern organisierte Diebesbanden. Und wenn es um die ›Beschaffung‹ von wertvollen Kunstgegenständen aus der DDR oder anderen sozialistischen Ländern geht, mischen sogar Geheimdienste der BRD und der USA mit. Dieser Fernsehfilm des Leipziger Schriftstellers und Fernsehautors Herbert Schauer (1924–1988) greift vor dem Hintergrund eines Kunstraubs den Plan zu einem raffiniert eingefädelten subversiven Verbrechen der CIA auf, dessen Realisierung aber durch die Sicherheitsorgane der DDR verhindert werden kann. Zwei der in die Handlung involvierte Personen sind die Antiquitätenhändlerin Marianne Münzenberg (Marion van de Kamp) aus Baden-Württemberg (BRD) und der Museumsdirektor Franz Trützschler (Wolfgang Dehler) aus Thüringen. Beide hatten sich vor einiger Zeit in Zürich kennengelernt. Im Anschluss daran ergab sich zwischen ihnen eine äußerst ertragreiche Geschäftsverbindung. Eines Tages steht Marianne plötzlich vor dem erschrockenen Museumsdirektor aus der DDR. Sie bittet ihn um Hilfe, weil sie ins Visier der Steuerfahndung gerückt ist. Doch beide stecken wohl schon zu tief im Sumpf ihrer gierigen Aktivitäten.« Solche Fälle mag es gegeben haben, doch waren sie für den DDR-Kulturgutverlust nicht typisch.

In diesem Sinne auch untypisch Leipzig. Leipzig war und ist eine sehr stolze Stadt. Nie konnte sie von einem königlichen oder anders herrschenden Mäzen profitieren. Es waren ihre Bürger, die der Stadt Kulturgut und -schätze überließen, Kunstvereine gründeten und Museen schenkten. Sammlungen zeugen von diesem bürgerlichen Kunstverständnis.

Doch – fast zwangsläufig – wurde auch hier geraubt und gestohlen. Manche dieser Fälle blieben ungeklärt und werden wohl ungeklärt bleiben. Einige schrieben Kriminalgeschichte. Drei aus den Jahren der DDR waren so spektakulär, dass sie es schon damals in die Einheitspresse schafften. Die Volkpolizei ermittelte – kaum verwunderlich – als Täter »kleine Fische«. Doch liefern diese wahren Leipziger Kunst- und Kriminalgeschichten mehr als Fakten und Beweise. Sie zeichnen ein getreues Bild von Kleinbürgers Sehnsucht und von seinem privatem Leben, von Zeitumständen und den gesellschaftlichen Verhältnissen im deutschen Arbeiter-und- Bauern-Staat.

Grassi Museum für Angewandte Kunst

Der einzige Weg für uns, groß zu werden, ist eine Nach-
ahmung der Alten.

Johann Joachim Winckelmann

Leipzigs zukunftsorientierte Handwerksmeister sahen pro-
duktive Leerstellen und gründeten 1833 einen Verein, der
sich die »Förderung einer umfassenden Ausbildung in
Künsten und Gewerben, die Abhaltung von Versammlun-
gen und Vorträgen, die Schaffung einer Bibliothek und die
Einrichtung einer Gewerbelehranstalt« zum Ziele setzte.
Doch »die politisch bewegte Zeit der nächsten Jahrzehnte
hat die guten darin niedergelegten Absichten nicht zur Anwendung kommen lassen«. 1859 schlägt Albert von Zahn,
Kustos des Städtischen Museums (für bildende Künste), vor,
eine »permanente Ausstellung von Abbildungen oder Mo-
dellen mustergültiger Kunstgewerbserzeugnisse« zu etablie-
ren. Denn die deutsche Handwerkskunst schnitt im internationalen Vergleich schlecht ab, ihre Erzeugnisse hatte die
Jury der Londoner Weltausstellung mit dem Prädikat »billig
und schlecht« bewertet. Hiesige Industrie ahmte nach, ko-
pierte, besann sich nicht auf eigne Traditionen.

Deshalb gründete sich eine Gesellschaft der Freunde des
Kunstgewerbemuseums zu Leipzig, in sich der namhafte
Bürger engagierten, eine »Vorbildsammlung« für Indus-
trieprodukte zu präsentieren. 1874 wird im Alten Amtshaus
(Thomaskirchhof, Ecke Klostergasse) das Kunstgewerbemuseum mit zehn Ausstellungsräumen feierlich eröffnet. In
Zeichensaal, Gipsgießerei und einem Stickereikurs konnte
man die Praxis üben. Damit zogen die Organisatoren »gegen den alten Schlendrian und die klägliche Mittelmäßig-

keit« der heimischen Produzenten zu Felde. Aktivitäten und Museum stießen auf reichliches Interesse. Jedoch erwiesen sich die Räumlichkeiten am Thomaskirchhof von Beginn an als zu klein. Der Stadtratsbeschluss zum Vermächtnis des Kaufmanns und Bankiers Franz Dominic Grassi ließ zentral am Königsplatz (Wilhelm-Leuschner-Platz) das Grassimuseum (heute das Hauptgebäude der Stadtbibliothek Leipzig) bauen, in dem die Sammlungen zur Völkerkunde wie dem Kunstgewerbe Heimstatt finden sollten. »Das repräsentative Gebäude verschaffte der Wirksamkeit der Museen nachhaltig Auftrieb und Anerkennung.« 1904 übernahm die Stadtverwaltung die Trägerschaft des Kunstgewerbemuseums vom bislang verantwortlichen Verein. Auch überließ sie der Sammlung ihren Ratsschatz. »Eine stolze Kerngruppe aus altem Kunstbesitz des Leipziger Rates, die über die Zeiten bewahrt werden konnte, gelangte früh in unser Museum. Bis heute zählen diese Objekte zum kostbarsten Bestand.

Die Herausbildung des Leipziger Ratssilberschatzes vollzog sich während der Renaissance. Der 1524 verstorbene Rentmeister Georg von Wiedebach vererbte der Stadt einiges, die Schützenbruderschaft hinterlegte 1547 ihre Schätze, 1593 kaufte der Rat von Eustachius von Honsberg mehrere ›Doppelgeschirre‹ und andere Silbersachen, hinzu kamen wiederholte Einzelerwerbungen und Geschenke. Nicht selten ließ der Rat dieses Silbergerät mit seinem Wappen versehen. Es diente repräsentativen wie auch praktischen Zwecken. Im Vergleich zu Arbeiten etwa Nürnberger Herkunft belegen solche von Hans Reinhart d. Ä. und d. J. und Elias Geyer eindrucksvoll, dass sich Leipzig zu einem Zentrum der sächsischen Goldschmiedekunst entwickelte. Neben dem Silberschatz zählten auch weitere wertvolle Ausstattungsstücke zum Kunstbesitz des Rates. So etwa die bei dem Bildwirker Seger Bombeck in Auftrag gegebenen Bildteppiche. Auch in späterer Zeit häufte der Leipziger Rat Schätze an. Manches blieb im Rathaus, anderes gelangte in die

Kunst- und Raritätenkammer der 1677 gegründeten Rats-
bibliothek.«

Doch im neuen Hause »zeigte sich schon bald, daß das
am Königsplatz zur Verfügung gestellte Raumpotential der
Sammlungsentwicklung nicht standhielt«. 1929 übergab
man am Johannisplatz das Neue Grassimuseum des Architekten Hubert Ritter der Öffentlichkeit. »Als betont sachlich ausgeführte sogenannte Eisenfachwerk-Konstruktion
mit sparsam eingesetztem, lediglich ornamentalem Bau-
schmuck aus der Formenwelt des Art decó gruppiert sich
der Baukörper um die zwei großen Innenhöfe, an die sich
in der nördlichen und südlichen Querachse mit dem Japa-
nischen Garten und dem sogenannten Rehgarten zwei kleinere Innenhöfe anschließen.« Schwer kriegsbeschädigt blieben die Sammlungen der Museen für Musikinstrumente,
Völkerkunde und Kunsthandwerk im Hause Provisorium.
1952 zeigten fünf Räume wieder eine ständige Ausstellung,
die anderen 25 des ehemaligen Rundgangs wurden fremden
Nutzern für Büroarbeiten überlassen. 1991 wurden diese
Mietverträge gekündigt. Doch »die Hinterlassenschaft war
arg. Der bauliche Zustand machte die Rückkehr der Sammlungen in die angestammten Räume unmöglich.«

Nach umfassender Rekonstruktion eröffnete 2007 das
Museum mit neuem Namen Grassi Museum für Angewand-
te Kunst: »In 30 Sälen wird die Geschichte des Kunsthandwerks von der Antike bis zum Historismus erzählt. Dies
anhand von hervorragenden Objekten, die bisher kaum
jemand zu Gesicht bekommen hat und die auch der Forschung entzogen waren. Die Präsentation ist chronologisch
arrangiert und folgt einer klassischen Abfolge: Kleinkunst
der Antike, gotische Schnitzplastik, Majoliken der italieni-
schen Renaissance, Trinkgefäße des Barock, Porzellan des
Rokoko, Möbel des Klassizismus, Kunsthandwerk des Historismus sind wichtige Themen.«

16. April 1974: Der Einbruch

Einfachheit ist die höchste Form der Raffinesse.

Leonardo da Vinci

Freitagmorgen, 17. April 1974: Die Putzkolonne fegte, wischte und bohnerte die Gänge im ersten Stock vorm Museum für Kunsthandwerk vor Öffnung und bemerkte Ungewöhnliches. Das Gitter der Türe zu den Ausstellungsräumen war verbogen, die Glasscheibe dahinter zerbrochen. Einbruchsspuren offensichtlich. Die Damen der Reinigungsbrigade liefen augenblicklich zum Pförtner, der rief die Direktorin: »Heute Morgen wurde ich gg. 6 Uhr fernmündlich verständigt, daß in die Räume des Museums des Kunsthandwerks ein Einbruch verübt wurde. Ich habe sofort veranlasst, daß die Kriminalpolizei verständigt wird. Danach habe ich mich sofort auf den Weg ins Museum begeben.« Und die Leiterin erklärt weiter, dass nach Vertrag vor der Öffnung der »Pförtner um 5 Uhr kommt und seine Runde im Kellergeschoß beginnt. Um diese Zeit sind auch die Reinigungskräfte im Haus.«

Der Deutschen Volkspolizei wird der Vorfall um sechs Uhr fernmündlich bekannt, die Sofortmeldung und Schlussfolgerungen im internen Logbuch lauten: »Verbrecherischer Diebstahl gemäß §§ 158 und 162 gemäß StGB im Museum für Kunsthandwerk Leipzig im Gebäudekomplex Grassimuseum. Unbekannter Täter läßt sich vermutlich im Gebäudekomplex einschließen, zerschlägt Teilscheibe, öffnet gewaltsam Ziergitter und gelangt durch die erhaltene Öffnung in den Kunsthandwerksausstellungsraum. Mittels stumpfem Gegenstand werden fünf Glasvitrinen eingeschlagen und Teile des Ratsschatzes der Stadt Leipzig sowie andere wertvolle vergoldete Kunstgegenstände daraus entwendet. Täter verließen das Museum durch Aufbrechen zweier Türen.« Ohne die Spurenlage vor Ort zu kennen, scheint die Begehungsweise und Sachlage klar. Die Anzahl der Diebe jedoch kann man nur vermuten.

Tatsächlich sprachen die Indizien nicht für einen Zufallstäter. Die Alarmanlage war außer Kraft gesetzt. Schlösser aufgebrochen. Zielstrebig nur die Vitrinen mit Kunstschätzen zerstört. Schnell verfestigte sich die Vermutung, dass dieser Raub detailliert geplant gewesen war. »Es ist anzunehmen, daß die Täter davon Kenntnis hatten, daß der im Hause wohnende Hausmeister am gleichen Tag seinen Urlaub angetreten hatte. Es handelt sich offenbar um sogenannte Einschließtäter. Gegen diese Methode sind die im Gebäude des Grassimuseums untergebrachten Museen nahezu machtlos, da die räumliche Verzahnung der 3 Museen, der 2 Veranstaltungssäle sowie des Messetraktes und die unterschiedlichen Außeneingänge eine genaue Besucherkontrolle des ganzen Gebäudekomplexes unmöglich machen. Eine Nachtwache ist im Gebäudekomplex nicht vorhanden.« Erschwert werden die Ermittlungen durch »den Zuzug des Baukombinates, verschiedene Schlüsselgewalten, unterschiedliche Schlößer und durch die drei verschiedenen Museen, ein Rundgang betrüge 10–12 km und würde drei Stunden dauern.«

Der Werteverlust erhöht sich mit jeder Sichtungsstunde der Preziosen und dem Vergleich des Inventarverzeichnisses. Die Schätzung am Tag nach dem erfolgten Raub beläuft sich bereits auf 220.000 Mark, der ideelle kann gar nicht bemessen werden, denn »die Kunstgegenstände, die sich aufgrund des Diebstahls jetzt in der Hand des Täters befinden, gehören zu den seltenen Kostbarkeiten der Goldschmiedekunst des 17. und 18. Jahrhunderts. Dazu kommt, daß es sich um Kostbarkeiten des nationalen Kulturbesitzes der DDR handelt, da diese Werke das hohe Können besonders der nur noch selten erhaltenen sächsischen Goldschmiedekunst der Renaissance und des Barockzeitalters nachweisen. Mit der Geschichte der Stadt Leipzig sind die Kunstwerke insofern eng verbunden, als sie zum Teil dem kunsthistorisch bedeutenden Leipziger Ratsschatz entstammen. Etwa vergleichbare Schätze befinden sich nur noch im Grünen Gewölbe zu Dresden und in den Staatlichen Museen zu Berlin.

Neben diesen antiken Kunstwerken sind auch die Arbeiten aus der jüngsten Vergangenheit, die zu dem gestohlenen Gut gehörten, von unschätzbaren Wert, da sie den hohen Stand der Goldschmiedekunst der DDR, besonders der Hochschule Burg Giebichenstein in Halle, dokumentieren. Auch für diese Arbeiten, die in den Jahren 1960–1970 entstanden sind, ist eine Ersatzbeschaffung nicht möglich.

Die Verwerflichkeit des Diebstahls liegt vor allem darin, daß nationaler Kulturbesitz von zugleich hoher internationaler Bedeutung aus den Händen unserer sozialistischen Gesellschaft und unseres Staates geraubt wurden und damit allen späteren Generationen sowohl die Freude an der Schönheit dieser Kunstgegenstände als auch die Möglichkeit der Bildung an den Schätzen der Vergangenheit genommen werden sollte.«

Der dreiste Diebstahl im Grassimuseum ist schnell Gespräch über die Stadtgrenzen hinaus, so dass sich offizielle Stellen bemüßigt fühlen, die Öffentlichkeit zu informieren. So vermeldet die DDR-Nachrichten Agentur ADN am 23. April, eine Woche nach dem Einbruch: »Leipzig: Bei einem Einbruch im Museum für Kunsthandwerk wurden kulturhistorisch wertvolle Goldschmiede- und Silbertreibarbeiten, insbesondere Halsketten und Ringe, entwendet. Die staatlichen Untersuchungsorgane haben unmittelbar nach Bekanntwerden des Diebstahls die erforderlichen Ermittlungen aufgenommen.« Polizeiliche Ermittlungen setzte die Bevölkerung voraus, vielmehr zeugte diese Pressenotiz davon, dass die Kriminalpolizei kaum Ansatzpunkte hatte, sich die Täter samt den Schätzen noch immer auf der Flucht befanden.

Vermisst wurden 49 Kunstobjekte. Man hoffte, dass sie im Kunst- und Antiquitätenhandel wieder auftauchen würden. Deshalb ließ die Abteilung Kriminalpolizei der Bezirksbehörde Leipzig einen »Katalog des Diebesgutes zum Einbruchsdiebstahl im Grassimuseum« erstellen und intern verteilen: »In der Zeit vom 16.05.1974, 22.00 Uhr, bis 17.05.1974, 2.00 Uhr, wurde durch unbekannte Täter ein Einbruchsdiebstahl in 701 Leipzig, Leninstraße – Grassimuseum – durchgeführt. Der Täter ließ sich vermutlich am 16.05.1974 in das Museum einschließen. Unter Anwendung von Gewalt gelangte er in den Tatortraum in der 1. Etage. Ein außen an der Tür befindliches Zier- bzw. Schutzgitter wurde nach vorn abgebogen, die dahinter befindliche Türscheibe eingeschlagen und eingestiegen. Mittels unbekanntem schweren Gegenstand wurden die Scheiben von fünf Vitrinen zertrümmert. Von den Ausstellungsgegenständen wurden einzelne Stücke entnommen. Das ausgewählte Diebesgut wurde in einem am Tatort abgerissenen weißen Vorhang (Leinen) eingewickelt und abtransportiert. Durch den Täter wurde eine im Inneren des Museums befindliche Alarmsirene abgerissen und dadurch die Funktionstüchtigkeit unterbrochen. Am Tatort wurden Abdruckspuren einer Sportschuhsohle (Karos 12x12 cm – Achtung! Im Absatz ovale profilfreie Stelle) als Täterspuren gesichert.«

Unter den vermissten Gegenständen befinden sich solch einmalige, nicht wieder zu beschaffende Kostbarkeiten wie:

- Nr. 1 Halsschmuck, Silber – vergoldet, getriebenes Material. Aus dem Jahre 1960.
- Nr. 5 2 goldene Ohrringe, kleine Vögel darstellend, mit kleinen Türkisen besetzt. Anfertigung 1960.
- Nr. 13 Goldener Bandring, mit aufgeschmiedetem, zisiliertem Ginkgoblatt, mit aufgelösten Kügelchen. Durchmesser 2 cm, Höhe 1 cm. Anfertigung 1960.

- Nr. 16 Necessaire aus Bandachat mit vergoldeter Montierung, Länge 9 cm, Breite 9,5 cm, Tiefe 2,8 cm. Inhalt: zwei Löffelchen, Schere, Pinzette, Steckbleistift, Messerchen, Stechzirkel, Winkelmaß.
- Nr. 25 Nautiluspokal, Silber – vergoldet, mit Neptun als Krönung, Fuß Satyr mit Flöte auf einer Schildkröte stehend. Höhe 30 cm, Breite 18 cm. Niederländische Herstellung um 1590.
- Nr. 27 Kanne, Silber – vergoldet, birnenförmig mit Deckel, auf Wandungen Treibarbeiten, Meisterzeichen AK, Höhe 20 cm, Anfertigung 1628–1630.
- Nr. 28 Abendmahlkelch, Silber – teils vergoldet, datiert 1649. Der Fuß ist mit 6 Halbedelsteinen belegt, Höhe 28 cm, Breite 20 cm.
- Nr. 31 Löffel, Silber – vergoldet, mit Medaillenbildnis Karl V., Länge 20,5 cm, 2. Hälfte 16. Jahrhundert.
- Nr. 33 Kelchlöffel, Silber – teils vergoldet, Länge etwa 20 cm; Herstellung um 1598.
- Nr. 44 Fingerring, Gold, ovale Miniatur in Perleneinfassung, Rückseite schwarzer Kopf mit Lorbeerumrahmung. Miniaturlänge 3,3 cm.
- Nr. 46 Essbesteck, barock, 2teilig (Messer und Gabel), emaillierte Scheide, Länge 17 cm, Herstellung um 1700.

Desweiteren: »Halsschmuck, Ohranhänger, ein goldener Damenring, eine Brosche, Deckelpokale, Deckelhumpen, Prunkkanne, Schnupftabakdöschen, ein Flakon aus Bergkristall«.

Festzustehen schien, dass der oder die Täter nicht gezielt oder im Auftrag nach den Objekten griffen, denn künstlerisch und materiell wertvollere Gegenstände als die entwendeten (u. a. Besteck aus Elfenbein) beließen sie in den Vitrinen. Die Kriminalisten vermuteten einen Einzeltäter, der aus reiner Gewinnsucht handelte. Sein Vorgehen schien so professionell, dass anzunehmen war, dass sich der Täter im

Vorlauf informierte und wahrscheinlich einschlägige Vorstrafen besaß.

Nicht auszuschließen war eine andere Begehungsweise als der des unbemerkten Einschlusses und Versteckens im Museum. So legte eine Zeugenaussage nah, dass man »über den Friedhof eingestiegen sein könnte«, an den das Museum grenzt. Denn es »wurde festgestellt, daß der Täter auch von der Hinterseite des Grassimuseums, vom Alten Johannisfriedhof aus, in das Tatgrundstück einzudringen vermochte. Er konnte auf das Flachdach des Museums gelangen 1. durch Hochklettern an den vergitterten Fenstern, 2. Aufstieg am vorhandenen Blitzableiter. Die Höhe des Flachgebäudes beträgt vom Erdboden aus ca. 5 bis 6 Meter. Vom genannten Dach konnte der Täter in einen Zwischenhof des Grassimuseums gelangen, indem er vom Dach an dem Blitzableiter heruntersteig. Von hier aus gelangte der Täter ungehindert an ein Garderobenfenster, welches er dazu vor der Tatzeit geöffnet hatte und ohne Verriegelung wieder aufdrückte.«

Zumindest ist diese Strecke als Fluchtroute über den Täubchenweg wahrscheinlich. Im Museum bis zu dessen Öffnung warten, hätte der Täter nicht ohne Gefahr können, er wäre Publikum und Wachpersonal schnell aufgefallen. Und der Dieb hatte schwer zu tragen: »Die 49 Kunstgegenstände verschiedener Epochen waren vorwiegend aus Edelmetall gefertigt, sie dürften 10–15 Kilogramm gewogen haben.«

Die Expertenkommission ist sich schließlich einig, »daß der Nominalwert des geraubten Kulturgutes 441.850 M beträgt«. Schwierig nur, es ohne Aufsehen zu verkaufen, in Kunsthandel und Antiquitätenläden lag längst die detaillierte Diebstahlsliste und das Augenmerk der Polizei.

Tatsächlich machen Händler alsbald Meldung. Ein Kunde nahm am 23. April den angebotenen Schmuck wieder mit heim, weil der Juwelier erst den Goldgehalt prüfen wollte. Am gleichen Tag begab sich ein junger Mann in ein Antiquitätengeschäft und versuchte, einen antiken, kunsthandwerklich perfekt gefertigten güldenen Löffel zu verkaufen, der sicher aus dem Diebstahl stammte. Das Essgerät wurde aber aufgrund von Qualität und hohem Alter vom Antiquitätenhändler nicht angenommen: zu selten, zu teuer, unverkäuflich.

Wahrscheinlich hatte der Hehler die Tageszeitung nicht gelesen, er war ahnungslos: Am 23. April, dem ersten Tag der Öffentlichkeitsfahndung, möchte Hansgert Schimmelpfennig Ringe in einem Lokal privat verkaufen. Das Etablissement besaß wenig guten Leumund und stand unter besonderer Beobachtung professioneller und freiwilliger Polizeikräfte. Der Anbieter wurde sofort festgenommen. Befragt gibt Hansgert Schimmelpfennig zu Protokoll, im Auftrag eines Herrn Wappler gehandelt zu haben: Woher die Ringe stammen würden, davon habe er keine Ahnung, den Wert des Schmuckes kenne er nicht. Am selben Tage bot besagter Armin Wappler im Antikhaus Huber den erwähnten goldenen Löffel zum Verkauf. Die Herren Wappler und Schimmelpfennig wurden festgenommen und verhört.

Schimmelpfennig beschuldigte Armin Wappler, dieser leugnete. Auch er handle nur im Auftrag eines Herrn, den er nicht kenne. Bernd oder Heinz oder anders habe der geheißen. Doch blieb Schimmelpfennig nicht Wapplers einziger Belastungszeuge: Am 17. April hatte Armin Wappler bereits einen Uwe Dolz beauftragt, Preziosen in Chemnitz anzubieten. Für diesen Verkaufsdienst hatte jener Dolz bereits 20 Mark erhalten, jedoch noch nichts verkaufen können. Bei der »Ware« handelte es sich eindeutig um gestohlene Stücke aus dem Museum für Kunsthandwerk in Leipzig.

Damit schien der Täter überführt: Armin Wappler, geboren am 14. Dezember 1948 in Leipzig, zuletzt wohnhaft 7022 Leipzig, Schkeuditzer Straße 19. Doch in der Wohnung des dringend Tatverdächtigen wurden die Ermittler zunächst nicht fündig. Der große Teil des Kunstguts blieb verschwunden, und Wappler wusste von nichts, schwieg oder stritt die Vorwürfe ab. Doch die Ermittler waren sich sicher, den Schuldigen geschnappt zu haben.

Armin Wappler war der Polizei kein Unbekannter, später formulierte das Urteil: »Der zur Tatzeit 25jährige, ledige, bereits 3mal vorbestrafte Angeklagte wurde außerehelich geboren und wuchs bei seinen Großeltern auf, wo er aufgrund der familiären Gegebenheiten und einer sogenannten Pendelerziehung bereits starken Konfliktsituationen ausgesetzt war. Nach seiner Einschulung im Jahr 1955 – leistungsmäßig gab es keine Beanstandungen – fiel der Angeklagte zunehmend durch disziplinloses und auch deliktisches Freizeitverhalten auf. Im Jahre 1959 legte er dann in der 34. Oberschule in Leipzig mehrere Brände und öffnete im Keller dieser Schule die Gashähne, damit diese Schule in die Luft fliegen sollte. Bereits zum damaligen Zeitpunkt war die Stellung des Angeklagten zu diesen Handlungen dadurch charakterisiert, daß er hartnäckig leugnete, Vorhaltungen mit Raffinesse und Kaltblütigkeit begegnete und stets nur das zugab, was ihm eindeutig nachgewiesen werden konnte. Nachdem der Angeklagte im Herbst 1959 in das Spezialkinderheim Braunsdorf eingewiesen worden war, verhielt er sich anfangs positiv, verübte aber im Jahre 1960 kleinere Diebstähle im Heim und wurde flüchtig. Ab November 1960 befand er sich dann im Spezialkinderheim Luckwitz, aus dem er nach positiver Entwicklung im Juni 1961 zu seiner Mutter, die 1949 geheiratet und bereits mehrere Kinder aus dieser Ehe hatte, entlassen wurde. Im März 1962 legte der Angeklagte im Keller der 57. Oberschule, die er zu dieser Zeit besuchte, einen Brand. In der Zeit bis zur erneuten Heimeinweisung Mitte 1962 verübte der Angeklagte noch mehrere Einbruchsdiebstähle und Brandstiftungen.

Im Normalkinderheim Leipnitz benahm sich der Angeklagte anfangs wieder unauffällig, richtete später jedoch soviel Schaden an, daß er im August 1963 wieder in das Spezialkinderheim Braunsdorf verlegt werden mußte. Hier, wie bereits im vorigen Heim beging er Diebstahlshandlungen innerhalb und Einbrüche außerhalb der Einrichtung. Leugnen und Gleichgültigkeit charakterisierten auch hier seine Stellung zu seinen Taten.

Im März 1964 beging der Angeklagte während einer Beurlaubung in das Elternhaus einen weiteren Einbruchsdiebstahl. Im Juli des gleichen Jahres entwich er aus der Unterbringung und trieb sich herum. Nach Wiederzuführung verließ er erneut das Heim. Diesmal wurde er auf der Insel Rügen aufgegriffen. Der Angeklagte kam nun erstmals in Haft. Er wurde im Oktober 1964 vom Kreisgericht Freiberg wegen ca. 30 Diebstahlshandlungen – teils einfachen, teils schweren Diebstahls – sowie wegen fortgesetzter gefährlicher Körperverletzung, Sachbeschädigung und Hausfriedensbruchs unter Einbeziehung des Heimerziehungsurteils vom 2.6.1964 zu 1 Jahr und 3 Monaten Freiheitsentzug verurteilt.

Diese Strafe verbüßte der Angeklagte, dessen weiterer Schulbesuch durch seine Verurteilung nach Absolvierung der 9. Klasse abgebrochen wurde, im Jugendhaus Ichtershausen. Hier erfolgte eine gewisse Qualifizierung zum Maschinenbauer Stufe I, die der Angeklagte jedoch nach Strafverbüßung im Oktober 1965 nicht fortsetzte. Statt dessen begann er Anfang November 1965 als Transportmitarbeiter der Firma Losse in Leipzig zu arbeiten. Wohnungsmäßig befand er sich wieder bei seinen Großeltern, hatte jedoch auch zu seiner Mutter und seinen Halbgeschwistern Kontakt. Im Frühjahr 1966 verschlechterte sich die Arbeitsdisziplin des Angeklagten deutlich. Er beachtete Hinweise der Großeltern nicht mehr und zeigte sich im Besitz von Geld und Gegenständen zweifelhafter Herkunft.

Der Angeklagte wurde Mitte Mai 1966 erneut inhaftiert. Die Untersuchung ergab, daß er in der Zeit von März 1966 bis zur Inhaftnahme mit anderen Jugendlichen in teils bandenmäßiger Form und teilweise unter Verwendung von

Waffen in der Hauptsache ca. 40 Einbruchsdiebstähle zum Nachteil aller Eigentumsformen, vornehmlich jedoch des persönlichen Eigentums, in Leipzig mit einem Gesamtschaden von ca. 17.000 M verübt hatte.

Der Angeklagte, der bei der Begehung dieser Straftaten eine führende Rolle eingenommen hatte, wurde deshalb durch Urteil des Kreisgerichts Leipzig, Stadtbezirk West, vom 18.8.1966 wegen fortgesetzten versuchten und vollendeten gemeinschaftlichen Diebstahls von gesellschaftlichen Eigentum gem. § 29 Abs. 1 und 2 StGB, wegen fortgesetzten versuchten und vollendeten gemeinschaftlichen schweren Diebstahls von persönlichem und privatem Eigentum gemäß §§ 242 Abs. 1, 243 Abs. 1, Ziff. 2, 3, 5 und 6 sowie fahrlässiger Brandstiftung gem. §§ 308, 309 StGB von 1871 sowie entsprechend dem damals gültigen Jugendgerichtsgesetz zu 4 Jahren Freiheitsentziehung verurteilt. Diese Strafe verbüßte der Angeklagte zunächst in der Jugendstrafanstalt Torgau, wo er eine Schlosser- und E-Schweißer-Ausbildung absolvierte, später im Erwachsenenvollzug Torgau.

Im September 1968 wurde der Angeklagte in das Strafvollzugskommando Schwarze Pumpe verlegt, wo er im Gleisbau tätig war. Mitte November 1968 wurde er als Bauhilfsarbeiter zur Außenarbeit im VEB Textilkombinat Cottbus eingesetzt. Hier flüchtete der Angeklagte am 25.11.1968 aus der Strafvollzugseinrichtung. Er konnte erst am 27.11.1968 in der Ortschaft Tarnow wieder aufgegriffen werden und kam in die StVA (Strafvollzugsanstalt) Cottbus.

Auf seiner Flucht hatte der Angeklagte u. a. mehrere Einbruchsdiebstähle verübt, wobei er in der Gemeinde Tarnow auch an einem Blitzableiter und der Dachrinne zum ersten Stock eines Wohnhauses hinaufgeklettert und dort durch ein offenes Fenster in die Wohnung eingedrungen war.

Vom Kreisgericht Cottbus-Stadt wurde der Angeklagte daher durch Urteil vom 10.3.1969 wegen Entweichens aus gerichtlich angeordnetem Freiheitsentzug, wegen fahrlässiger

Körperverletzung sowie wegen verbrecherischen Diebstahls von sozialistischem wie auch von persönlichem Eigentum gem. §§ 158 Abs. 1, 162 Abs. 1, Ziff. 3 und 4, 177 Abs. 1, 181 Abs. 1, Ziff. 3 und 4 StGB (alt) zu einer Freiheitsstrafe von 2 Jahren und 6 Monaten verurteilt.

Die Verbüßung der Strafen des Angeklagten erfolgte ab April 1969 in der StVA Bautzen. Nachdem er hier in der Zeit von Mitte Mai 1972 bis Mitte November 1972 im Bereich der Besserungswilligen untergebracht war, wurde der Angeklagte am 14.11.1972 nach Verbüßung aller Freiheitsstrafen aus dem Strafvollzug entlassen. Im gesamten Strafvollzug bereitete der Angeklagte laufend Erziehungs- und Disziplinschwierigkeiten, wofür er mehrfach auch bestraft wurde. In der Zeit nach April 1969 beging der Angeklagte – wie er in der Hauptverhandlung am 5. Mai 1975 eingestand – fünf vorgetäuschte Selbstmordversuche, um Vorteile in der Behandlung zu erreichen. Als er von Mai bis Juli 1969 deshalb zur Beobachtung im Haftkrankenhaus Waldheim untergebracht war, simulierte der Angeklagte nervöse Ermüdungszustände und behielt dieses Verhalten auch noch zwei Monate nach Rückverlegung in die StVA Bautzen bei.

Vom November 1972 bis Februar 1973 hat der Angeklagte ein ihm von der Abt. Inneres des Rates des Stadtbezirkes Leipzig-Nord vermitteltes Zimmer bewohnt. Anschließend zog er in ein Leerzimmer in 7022 Leipzig, Schkeuditzer Straße 19 um. Wo er bis zu seiner Verhaftung am 24.5.1974 in Teilhauptmiete mit Küchenbenutzung mit der Zeugin Marquardt im Erdgeschoß ein zur Straße gelegenes Zimmer einer größeren Wohnung bewohnte.

Von der Zeugin Marquardt hatte der Angeklagte noch einen kleinen Raum dieser Parterrewohnung gemietet, welchen er für seine Kraftsportübungen benutzte, die er regelmäßig vornahm.

Eine von der Abt. Inneres im VEB Montan Leipzig nach seiner Entlassung aus dem Strafvollzug angebotene Arbeitsstelle als Küchenhilfsarbeiter hatte der Angeklagte nicht angenommen. Vielmehr nahm er von sich aus eine Tätigkeit als Transportmitarbeiter im VEB Getriebewerk Böhlitz-Ehrenberg auf, wo er im Dezember 1972 aber nur wenige Tage arbeitete.

Danach war er bis Januar 1973 im VEB Armaturenwerk Leipzig als Lagerarbeiter tätig und arbeitete ab 20.2.1973 als Gartenarbeiter im Leipziger Sportforum. Nach einigen Wochen dieser Tätigkeit und längerer Krankheit wurde er von der Sportstättenverwaltung als Hilfsschwimmeister im Sportforum beschäftigt. Auch hier kündigte der Angeklagte die Arbeit im Februar des Jahres 1974. Vor seiner Inhaftierung war er dann noch als Heizer bzw. Kesselreiniger in der Zeit von Mitte März 1974 bis zuletzt am 14.5.1974 in der Goethe-Oberschule, Riemannstraße bzw. im VEB Sachsenbräu Werk I tätig. Ab 15.5.1974 will sich der Angeklagte auf Arbeitssuche befunden haben.«

Die beeindruckende Biografie und sein Benehmen machten Armin Wappler des Raubes dringend verdächtig. Am 25. Mai wurde er in der Wohnung seiner Freundin in Taucha festgenommen. Die Beweise lassen keinen Zweifel, doch behauptete Armin Wappler immer wieder, im Auftrag gehandelt zu haben, als er den Löffel im Antiquitätenladen anbot. Ein Heinz Munk – jetzt erinnerte er sich auch wieder seines Familiennamens – habe ihn gebeten, das teure Stück aus einer Erbmasse zu verkaufen, die Verwandten sollten nichts von seiner Geldnot wissen. Jenen Heinz »habe ich zur Frühjahrsmesse 1974 erstmalig kennengelernt. Zur Person kann ich keine Angaben machen. Aus seinen Gesprächen habe ich entnommen, daß er verheiratet ist und dem Dialekt nach aus Halle stammen könnte. Aus Unterhaltungen schloss ich, dass er im Handel tätig ist. Als Person möchte ich ihn wie folgt beschreiben: Alter: ca. 30 Jahre. Gestalt: hager. Größe: ca. 175 cm. Haare: dunkelblond, leicht gewellt, kurz geschnitten. Schmales, längliches Gesicht.« Die Beschreibung eines Unbekannten. Und, fährt Armin Wappler fort, »in der ersten Maihälfte 1974 lernte ich im ›Fröhlichen Zecher‹ (Georg-Schumann-Straße) einen gewissen Bernd kennen, mit dem ich mich vorerst nur allgemein unterhielt. Er sagte mir, daß er zur Zeit knapp bei Kasse sei und ob ich nicht für ihn ein Kleidungsstück verkaufen könne. Es handelt sich hierbei um einen blauen Anorak, Baumwolle.« Das habe Wappler getan und das erhaltene Geld auch übergeben, doch habe jener »Bernd ihm seine Turnschuhe gestohlen, möglicherweise auch andere Gegenstände« und zweifellos besteht die »Möglichkeit, daß er Kunstgegenstände zu verkaufen beabsichtigte«. Wappler machte widersprüchliche Angaben. Heinz war Bernd, und Bernd war eins mit Heinz, manchmal waren sie aber auch verschieden.

Bei der Hausdurchsuchung fanden sich in Wapplers Kachelofen verbrannte Kleidungsreste. Und dann nannte der Verdächtige ein Versteck, von dem er zufällig erfahren haben wollte, oder in das er wahrscheinlich selbst das Diebesgut gelegt hatze. Das vermeintliche Versteck in der Goetheschule jedoch war leer.

Auch der Bernd und der Heinz, sie blieben unauffindbar. Vor allen Dingen hatten die Ermittler vom Raubgut keine Spur. Indizien für Wapplers Schuld jedoch, sie mehrten sich, das Gerede über Erbe, Diebstahl, von Nichts wissen schienen Schutzbehauptungen zu sein. Denn schon im Knast hatte der Verdächtige von nächsten Vorhaben gesprochen. »Aus den Vorstrafen und Zeugenaussagen ehemaliger Mithäftlinge geht hervor, daß Armin Wappler Diebesgut, Handwerkzeug usw. an verschiedenen Orten versteckt und nach seiner Tat alle Spuren durch Wegwerfen in Gewässer und Verbrennung vernichten wird. In der StVA Bautzen suchte er Verbindung zu Einbrechern, um von diesen Kenntnis über die Ursachen ihrer Ergreifung zu erhalten, er analysierte daraus die gemachten Fehler, um später das ›perfekte‹ Verbrechen durchzuführen. Die Spurenvernichtung, die er in der Haft ausarbeitete, wurde in der Untersuchung und insbesondere durch die gesicherten Spuren bestätigt.

Am Tatort wurden 16-mal Schuhspuren von einem Schuhabdruck gesichert. Die KT-Untersuchung erbrachte einwandfrei, daß es sich um einen Sportschuh bestimmter Art aus Ilmenau handelt (Modell Elite oder Meister – auffällig durch ihr Rhombusprofil). In der Asche des Ofens der Wohnung wurden Reste von einem Sportschuh mit gleichem Profil und Zusammensetzung gefunden. Anhand der zusammengeschmolzenen Reste konnte keine Größenbestimmung durchgeführt werden.

Am Tatort wurden vier Faserspuren auf 31 Objektträgern gesichert. Eine gleiche Faserspur konnte auf einem Sessel der Wohnung festgestellt werden. Weitere Vergleichsmaterialien werden untersucht.

5 Geruchsspuren wurden am Tatort entnommen, 2 davon verweisen auf die entnommene Geruchsspur von Wappler, sowie 1 entnommene Geruchsspur vom Einbruchsdiebstahl im VEB Versteigerungshaus Leipzig. Desweiteren besteht Gleichheit mit der gesicherten Blutgruppe vom Tatort mit der von Wappler.

In den gesicherten Ascherückständen wurden weiterhin Reste von Gewirke, Schnallen, Plastreißverschluß, Metallknöpfen usw. gesichert, was auf die Verbrennung der gesamten Bekleidung schließen läßt.

Die Beweise lagen vor, »der Angeklagte hatte die Tat intensiv vorbereitet«, und sie erhärten sich von Tag zu Tag. Aus der Stadtbibliothek hatte Armin Wappler u. a. das *Lehrbuch für Kriminalisten* und Sergej Leonidowitsch Rubinsteins *Grundlagen der Psychologie* entliehen. Bei seiner Tätigkeit als Hilfsschwimmmeister hatte er einen ehemaligen Museumsfacharbeiter kennengelernt und mit ihm zwanglos »über günstige Einstiegswege« diskutiert. Aus der Untersuchungshaft hatte er an Freundin und Bekannte Kassiber geschickt, »die sie zur Falschaussage bewegen« sollten.

Mehrmals hatte er das Grassimuseum aufgesucht. Am Tattag hatte er keine Verpackungen, Beutel, Taschen oder Säcke zum Verstauen des Diebesgutes mitgenommen, »sondern hatte bereits da den Plan, dafür den Türverkleidungsschal zu benutzen«. Auf dem Fluchtweg übern Täubchenweg waren nur »zwei Schlößer mit Basküleverschlüßen« zu öffnen, darin war Wappler geübt. Über die Besucherzeiten des Museums war er orientiert, den Hausmeister hatte er beobachtet. Genau eruierte Armin Wappler verschiedene Fluchtmöglichkeiten, »auch aus der Toilette über den Blitzableiter zum Alten Johannisfriedhof«. Er hatte sich bereits »probehalber im Abstellraum einschließen lassen«. Kein Zweifel, dieser Einbruch hatte Strategie und Plan, ausgedacht und ausbaldowert von Armin Wappler (25).

»So vorbereitet, über Öffnungs- und Schließzeiten des Museums orientiert, Museumswärter und Pförtner in ihren Dienstobliegenheiten und ihrer Arbeitsweise kennend, beschloss der Angeklagte, sich vor Tatausführung im Museum vom Abendpförtner einschließen zu lassen, um dann nach dessen Heimgang zu gegebener Zeit von innerhalb des Grassimuseums in das darin im ersten Stock gelegene Museum des Kunsthandwerks gewaltsam einzudringen. Dabei hatte der Angeklagte sich auch noch vorgenommen, eine im Erdgeschoß installierte Feueralarmanlage sicherheitshalber vor Eindringen in das Kunsthandwerkmuseum außer Betrieb zu setzen.

Nachdem er sich einige Zeit Ausstellungsvitrinen im Flur des Erdgeschosses angesehen hatte, verschwand er bei günstiger Gelegenheit unbemerkt in den Toilettenräumen und schloss sich dort im genannten Abstellraum mit Hilfe eines Dietrichs ein. Außer diesem Werkzeug führte der Angeklagte noch einen kleinen Stielhammer und ein Taschenmesser bei sich. In seinem Versteck wartete der Angeklagte, der nicht gewußt haben will, daß an diesem Abend mehrere Filmveranstaltungen in diesem Museumstrakt stattfanden, bis draußen Ruhe eintrat und der Abschlußkontrollgang des Abendpförtners vorbei war. Dann betrat der Angeklagte sichernd die Szenerie, überzeugte sich durch Klopfen an der Pförtnertür, daß niemand da war und machte sich daran, die Feueralarmanlage betriebsunfähig zu machen. Dazu holte sich der Angeklagte von der Einlasskontrolle ein kleines Tischchen, worauf er stieg, um an die Anlage heranzukommen. Bei dem Versuch, die Leitung mit seinem Taschenmesser zu durchschneiden, riß er das Signalhorn ab, das er nach Zurücktragen des Tischchens in einem dort befindlichen Papierkorb ablegte.

Auf dem genannten Tisch wurden Schuhabdruckspuren des Angeklagten gesichert. Sodann begab sich der Angeklagte in den ersten Stock und schlug nach einigem Sichern mit dem mitgeführten Hammer die linke untere Scheibe der Eingangstür zum Kunsthandwerksmuseum ein; er vergrößerte das entstandene Loch und bog das zunächst noch davor befindliche Ziergitter nach oben. Nachdem er sich überzeugt hatte, daß niemand den Lärm des Einschlagens der Türscheibe gehört hatte, stieg er durch die geschaffene Öffnung in den Raum 3 des Kunsthandwerksmuseums, in den die Eingangstür führt, ein.«

Gegen »23.00 Uhr begab er sich auf die Flucht über den Täubchenweg zum Hauptbahnhof, bestieg die Straßenbahnlinie 13, fuhr bis Waldplatz, lief zu Fuß zur zu seiner Wohnung und traf gegen 24.00 Uhr dort ein.« Mütze und Handschuhe will er ins Wasser des Elsterflutbeckens geworfen haben. Sie wurden nicht gefunden.

»Zu Hause angelangt, hat der Angeklagte dann sämtliche anderen Bekleidungsstücke, die er bei der Tatdurchführung trug (Turnschuhe, gelber Pulli, braune Cordhose, Unterwäsche und Strümpfe) in seinem Ofen verbrannt.« Die Beweiskette war lückenlos, nur blieb das Diebesgut verschwunden. Armin Wappler war unter Umständen bereit, darüber Auskunft zu geben, wollte verhandeln und glaubte sich dafür in guter Position. »In versteckter und offener Form machte er eine Reihe von Angeboten, ihn zu entlassen, möglichst seine Ausweisung in die BRD zu betreiben und ihm dafür Garantien zu geben. Er wolle dann den gesamten Schmuck auffindbar machen.« Mithäftlingen gegenüber hatte er längst »zugegeben, der Täter zu sein«.

Die staatlichen Organe gingen auf die Erpressungsversuche und Verhandlungsangebote nicht ein. Sie ließen Armin Wappler psychologisch untersuchen. Das Gutachten vom 24. Juli 1974 hielt fest: Wappler habe ein »überhöhtes Sicherungsbedürfnis«, handle als Einzeltäter, denn »was zwei wissen, weiß einer zuviel«. Auch besitze er ein »übersteuertes Selbstwertgefühl«, sei sich jedoch »über kriminalistische und formaljuristische Aspekte im Klaren«, außerdem »bezweifelt er, daß genügend Schuldbeweise gegen ihn vorliegen«. Sein Geltungsstreben könnte zur »Eröffnung des Verstecks durch ihn führen«, dazu versuche er seine Machtposition zum persönlichen Vorteil auszunutzen.

Wappler pokerte, und er drohte: »Was das Diebesgut vom Grassimuseum betrifft, sagte er, daß er dieses nie preisgeben werde, selbst auf die Gefahr hin, daß es kaputt geht und er für den Schaden verantwortlich gemacht wird.«

Es bestand Verhandlungsstillstand zwischen den Parteien. Dann änderte Wappler plötzlich seine Strategie. »In diesem Zusammenhang gab er den Unterzeichneten zu verstehen, daß er nach der BRD ausgewiesen werden will und begründet seinen Antrag damit, daß er als kriminelles Element sich nicht ändert, der DDR immer wieder durch Straftaten Schaden zufügen wird und er in keiner Weise gewillt ist, einer geregelten Arbeit nachzugehen. Er will sofort das Versteck des Diebesgutes nennen, wenn die Zusicherung gegeben wird, daß von einer Strafverfolgung gegen seine Person abgesehen wird. Über eine Tatausführung keine Fragen mehr gestellt werden und das Verfahren eingestellt wird. Außerdem sein Antrag auf Ausweisung in die BRD genehmigt wird. Diese

Zusicherung soll schriftlich im Beisein eines Pflichtverteidigers durchgeführt werden.

Der Beschuldigte fragte die Unterzeichneten, ob es zu einer Amnestie kommt und er mit darunter fällt, wenn er das Diebesgutversteck nennt. Von den Unterzeichneten bekam er die Antwort, daß bis dahin aber das Diebesgut vorliegen muß und somit schnell das Verfahren zum Abschluß kommt.«

Am 30. September stellt man die »Frage: Dem Untersuchungsorgan ist bekannt, daß Sie den Wunsch äußerten, in die BRD ausgewiesen zu werden. Ich bin bereit, Ihren Wunsch wohlwollend entgegen zu nehmen und dem Gericht bzw. den zuständigen Organen dieses zu unterbreiten. Dieses jedoch nur, wenn Sie bereit sind, das Diebesgut wieder beizubringen. Das Untersuchungsorgan ist auch bereit, so schnell wie möglich das Verfahren abzuschließen.

Antwort: Unter diesen Umständen und weiterhin um anläßlich des 25. Jahrestages der DDR mit diesem Staate ins Reine zu kommen, bin ich bereit, das Versteck zu benennen. Der größte Teil der Gegenstände befindet sich auf einer Kläranlage im Rosenthal. Da es sehr schwierig ist, das Versteck zu finden, bin ich bereit, sofort das Versteck zu zeigen.«

Es folgte das Schreiben an den Staatsanwalt: »Nach viermonatiger Untersuchungshaft erklärte sich der Angeklagte am 30. September 1974 auf der Grundlage gewisser Amnestiehoffnungen anläßlich des bevorstehenden 25. Jahrestages der Gründung der DDR schließlich bereit, das Versteck des Diebesgutes zu nennen. An diesem Ort im Leipziger Rosenthal am nördlichen Ende des Elsterflutbeckens unter einem großen dort lagernden ausgedienten wildverwachsenen Rohr einer in der Nähe befindlichen Kläranlage wurden Teile in einem Plastesack, teils in einem im Museum abgerissenem Türvorhang eingewickelt, 38 gestohlene Gegenstände, die teilweise beschädigt waren, sichergestellt.«

Jetzt redete Armin Wappler und gab am 12. November

1974 zu Protokoll: »Meine Einstellung zur Arbeit möchte ich als negativ im Sinne dieses Staates bezeichnen. Der Zwang zur Arbeit lenkt mich von meinen persönlichen Interessen ab.« So schätzten seine Arbeitskollegen Wappler als »Bubi« ein, »der die schmutzige Arbeit eines Kesselwärters bestimmt nicht lange mitmachen würde«. Sie behielten damit Recht.

Die Anklageschrift hält für bewiesen, dass »beim Beschuldigten schon 1972, noch innerhalb des vorangegangenen Strafvollzuges, für die von ihm vorgesehene nächste Straftat die Gewährleistung absoluter Sicherheit die zentrale Rolle spielte, die er u. a. auf folgende Weise zu verwirklichen gedachte:

- Durchführung der Tat als Alleintäter
- Vorheriges Einkalkulieren möglicher Zufälligkeiten unter der Voraussetzung des allseitigen Auskundschaftens des Tatobjekts und der entsprechenden Wahl der notwendigen Tatwerkzeuge und Hilfsmittel
- Verhinderung von Spuren durch das Tragen von Gummihandschuhen
- Vernichtung der Tatbekleidung durch Verbrennen und Beseitigung der benutzten Tatwerkzeuge.
- Wahl sicherer Versteckmöglichkeiten, die für ihn jederzeit ungehindert und kurzfristig erreichbar sein müssen und in der Anlage einer im Wald gelegenen und mit Müll bzw. Schutt getarnten Erdgrube bestehen, in der das im Koffer oder in einem Plastesack luftdicht verpackte Diebesgut abgelagert werden soll.«

Vor Gericht bestritt Armin Wappler der Haupttäter des Raubes zu sein, erst nach drei Tagen gestand er, weil ihn die Indizien eindeutig der Tat überführten. Verhandlungstaktik, denn »im Plädoyer des Pflichtverteidigers wird noch einmal die Frage aufgeworfen, ob im vorliegenden Falle die strafverschärfenden Bestimmungen des § 44 StGB notwendig seien. Eine zehnjährige Freiheitsstrafe würde seines Erachtens ausreichen.«

Paragraf 44 des DDR Strafgesetzbuches in der Neufassung von 1974 besagte: »Strafverschärfung bei Rückfallstraftaten. (1) Wer wegen vorsätzlicher Vergehen bereits zweimal mit Freiheitsstrafe oder Arbeitserziehung oder wegen eines Verbrechens bestraft ist, wird, wenn er erneut eine vorsätzliche Straftat begeht, mit Freiheitsstrafe von einem Jahr bis zu fünf Jahren bestraft, soweit für diese Tat auch Freiheitsstrafe angedroht ist und das verletzte Gesetz keine höheren Strafen vorsieht. (2) Wer bereits wegen Verbrechens gegen die Persönlichkeit, Jugend und Familie, das sozialistische, persönliche oder private Eigentum, die Volkswirtschaft, die allgemeine Sicherheit oder die staatliche Ordnung bestraft ist, wird, wenn er erneut ein derartiges Verbrechen begeht, mit Freiheitsstrafe nicht unter drei Jahren bestraft, soweit das verletzte Gesetz keine höhere Mindeststrafe vorsieht.«

Das Gericht folgte der Argumentation von Armin Wappler und seinem Verteidiger nicht. »Die schwere Schädigung des sozialistischen Eigentums, die sich aus der Höhe des Schadens, vor allem aber auch aus der völlig skrupellosen Angriffsrichtung des Angeklagten ergibt«, ließ die Richter anders entscheiden. Mildernde Umstände sahen sie keine. Sie fällten ihr »Urteil im Namen des Volkes! In der Strafsache gegen den Beschäftigungslosen Armin Wappler wegen verbrecherischen Rückfalldiebstahls zum Nachteil sozialistischen Eigentums hat der 3. Senat des Bezirksgerichts Leipzig in seinen Sitzungen vom 5., 12., 14., 16., 20. und 23. Mai 1975 für Recht erkannt:

Der Angeklagte wird als Rückfalltäter wegen erneut begangenem verbrecherischen Diebstahl zum Nachteil sozialistischen Eigentums gem. §§ 158 Abs. 1, 162 Abs. 1, Ziffer 1 StGB (alt), 44 Abs. 2 StGB zu 13 – dreizehn – Jahren Freiheitsstrafe verurteilt. Gem. § 48 Abs. 1, Ziffer 1, Abs. 3 und 4 StGB wird zusätzlich für die Dauer von 5 Jahren auf staatliche Kontrollmaßnahmen durch die Deutsche Volkspolizei erkannt. Der Angeklagte wird weiter verurteilt, Schadenersatz in Höhe von 49.3310,37 M an das Museum des Kunsthandwerks Leipzig – Grassimuseum, 701 Leipzig, Johannis Platz 5–11 zu zahlen. Die Auslagen des Verfahrens hat der Angeklagte zu tragen.«

Ausführlich berichtete die Presse vom Prozess und der erfolgreichen Arbeit der Deutschen Volkspolizei. Sie zog die erzieherisch richtigen Schlussfolgerungen: »Für viele Leipziger und ihre Gäste ist das Museum des Kunsthandwerks am Johannisplatz unserer Stadt immer wieder ein besonderer Anziehungspunkt. Mit Hochachtung verweilt der Besucher vor den Arbeiten meisterhafter Goldschmiedekunst. Für den einen verbinden sich damit Gedanken an vergangene Epochen, den anderen wieder interessieren die Details der Verarbeitung von Gold, Silber und Platin sowie deren Legierungen. Aus welcher Sicht auch immer, stets wird das ästhetische Empfinden angeregt, ergänzt der Betrachter Geschichts- und Kunstkenntnisse.

Abrupt legten sich Schatten über diese Wunderwelt edelster Kostbarkeiten. In der Nacht vom 16. zum 17. Mai vergangenen Jahres verschwanden dort durch Einbruchsdiebstahl 49 Ausstellungsstücke, ihr Gesamtwert betrug 441.800 Mark. Genau eine Woche später ermittelte die Kriminalpolizei als Täter den 26jährigen beschäftigungslosen Armin Wappler aus Gohlis. Nichts war aus dem ›perfekten Verbrechen‹ geworden, das der Mittzwanziger über mehr als zwei Jahre hinweg so sorgsam ausgeklügelt und geplant hatte.

Nach fünf Verhandlungstagen vor dem 3. Strafsenat des Bezirksgerichtes Leipzig wurde am Freitag vergangener Woche das Urteil verkündet. Fast bis zuletzt rechnete der Angeklagte damit, doch noch einigermaßen glimpflich davonzukommen. Sein ganzes Verhalten während des gesamten Ermittlungsverfahrens und auch über die ersten drei Prozeßtage hinweg war eine einzige Herausforderung der Untersuchungs- und Rechtspflegeorgane. Nach zähem Ringen aber setzte sich die Wahrheit durch und führte den Verbrecher seiner gerechten Bestrafung zu. Überraschungsmomente aber gab es in dieser Sache bis zum Schluß.

Von Kindheit an kam Wappler immer wieder mit den Gesetzen in Konflikt. Sein Weg führte über Spezialkinderheime und den Jugendwerkhof, zu keiner Zeit zeigte er den Willen zur Besserung. Brandstiftungs-, Körperverletzungs- und Eigentumsdelikte brachten ihn periodisch in den Strafvollzug, wiederholt sogar bis zu vier Jahren. Und während er noch hinter Schloß und Riegel saß, plante er die nächste Straftat schon wieder für den Zeitpunkt der Entlassung.

›Bei dem Beschuldigten handelt es sich um einen hartnäckigen, besserungsunwilligen Rechtsbrecher. Er baut sein Leben auf der Basis kriminellen Handelns auf und will als Außenseiter auf Kosten der Gesellschaft leben‹, charakterisierte der Staatsanwalt die Persönlichkeit des Angeklagten. Dabei verwies der Jurist auf dessen Erklärungen im Ermittlungsverfahren, wo sich Wappler selbst als ›Berufsverbrecher‹ und auf diesem Gebiet zur ›Elite‹ gehörig bezeichnete, Begriffe, die ihren Ursprung in einer anderen, bei uns längst überwundenen Zeit haben. Wer aus ihr jedoch seine Leitbilder bezieht, wird immer zum Scheitern verurteilt sein.

Eine derartige Erkenntnis ist Armin Wappler bisher nicht gekommen. Seinen Aufenthalt im Strafvollzug benutzte er ausnahmslos dazu, über seine und von anderen Strafgefangenen begangene Fehler nachzudenken und daraus Schlußfolgerungen für einen nächsten ›Coup‹ zu ziehen. Als er Ende des Jahres 1972 aus der Strafvollzugsanstalt Bautzen wieder auf freien Fuß kam, wurzelte im Gehirn bereits der Vorsatz, das nächste ›Ding‹ allein zu drehen.

Zwei Jahre später begann der Verbrecher seinen Plan im Detail zu verwirklichen. Durch Zufall lernte er einen Arbeitskollegen kennen, der fast ein Jahr im Museum des

Kunsthandwerks beschäftigt gewesen war. Er fragte ihn über die Lage der Ausstellungsräume und den Wert der dort gezeigten Stücke eingehend aus.«

In der Nacht zum 17. April 1974 »drang Armin Wappler in das Museum des Kunsthandwerks ein, zerstörte Türen und auch Vitrinen. Vorwiegend entwendete er Kunstgegenstände des Goldschmiedehandwerks des 17. und 18. Jahrhundert. Sie gehören zum nationalen Kunstbesitz der DDR und sind zum Teil als Stücke aus dem alten Leipziger Ratsschatz eng mit der Geschichte unserer ehrwürdigen Handelsmetropole verbunden. Ihr idealler Wert übersteigt also den materiellen von über 441.000 Mark bei weitem. Darauf verwies der vom Rat der Stadt als gesellschaftlicher Ankläger beauftragte Generaldirektor der Deutschen Bücherei Prof. Dr. Helmut Rötzsch ganz besonders.

Um einer Bestrafung zu entgehen, zog der Angeklagte alle Register. Nicht nur im Prozeß und vorher über lange Zeiträume des aufwendigen Ermittlungsverfahrens, sondern auch schon in der Vorbereitungsphase zu dem schweren Einbruch. Wohl wissend, dass sich die kostbaren Zeugen virtuoser Handwerkskunst – wenn überhaupt – keinesfalls leicht absetzen lassen würden, bereitete Wappler das Diebesgut für eine lange Einlagerungszeit auf. Dazu hob er eine Erdgrube aus, in die er die meisten der Wertstücke luftdicht in einem Plastesack und einem im Museum abgerissenen Vorhang verpackte.

Als der Dieb am 24. Mai vorigen Jahres in die Untersuchungshaftanstalt der Messestadt einziehen musste, waren die entwendeten Kunstgegenstände noch lange nicht aufgefunden. Die Taktik des Verbrechers gegenüber den Ermittlungsorganen bestand in der Alternative: ›Entweder Einstellung des Ermittlungsverfahrens und damit verbunden meine Freilassung und die Herausgabe der Kunstgegenstände, oder aber Sie erfahren von mir nicht, wo die *Dinger* lagern.‹ Von Beginn der Vernehmungen an brachte er auch gleich den ›großen Unbekannten‹ mit ins Spiel, für den er die kostbaren Stücke lediglich aufbewahre. Den Einbruch selbst habe er nicht begangen.

Fast vier Monate nach der Festnahme des Wappler wurde schließlich eine Spur zu den Kostbarkeiten gefunden. Allerdings fehlten Gegenstände in einem Umfang von 70.000 Mark. Auch dazu wieder die Version von dem Unbekannten, der sie in seinem unmittelbaren Besitz habe. Wegen Hehlerei wollte sich der hartnäckige Rückfalltäter recht gern zur Verantwortung ziehen lassen, jedoch für die Tat selbst entziehen.

Obwohl der Prozeß gegen Wappler schon zwei Tage andauerte, lief immer noch die Fahndung nach den restlichen Kunstgegenständen. Am dritten Verhandlungstag schließlich gestand der Angeklagte den Diebstahl aufgrund objektiver Beweise ein. Was er niemals für möglich gehalten hätte, war eingetreten: Der Fahndungsdienst war auf einen Mann gestoßen, dem der Dieb Kunstgegenstände im Wert von 70.000 Mark zum Weiterverkauf überlassen hatte. Der nunmehr echte Hehler aber wagte es nicht, die kostbaren Dinge weiterzuveräußern. Sie konnten bei ihm alle sichergestellt werden.

Wappler wurde zu einer Freiheitsstrafe von 13 Jahren verurteilt. Im Anschluß daran wird er sich staatliche Kontrollmaßnahmen gefallen lassen müssen. Durch Beschädigung an den gestohlenen Gegenständen und an den Vitrinen ist ein ersatzpflichtiger Schaden von 49.310 Mark entstanden.«

Die Rubrik »Unser sozialistisches Recht« der *Leipziger Volkszeitung* kommentiert parteilicher: »Der gesellschaftliche Ankläger vor Gericht Prof. Dr. Rötzsch, Abgeordneter und Mitglied der Kommission Kultur der Leipziger Stadtverordnetenversammlung, wies in seinem Plädoyer auf die Bedeutung des Museums für das Kunst- und Bildungsbedürfnis unserer Werktätigen hin, auf die großzügigen Bemühungen unseres Arbeiter-und-Bauern-Staates um die Pflege des kulturellen Erbes. Und er forderte eine harte Strafe für den verbrecherischen Angriff auf dieses sozialistische Eigentum. Keinerlei positive Konsequenzen hat der unbelehrbare W. aus seinen Vorstrafen gezogen, betonte der Staatsanwalt, im Gegenteil: er brüstete sich noch mit diesem neuen schäbigen ›Coup‹.« Der Vorsitzende des Senats »sagte nach der Urteilsverkündung: ›Kunstdiebstähle, wie sie in der kapitalistischen Gesellschaft zur Tagesordnung gehören, sind bei uns seltene Ausnahmen, auch so hartnäckige Verbrecher wie W.‹ In der Tat! Und unsere Justiz – im Fall Kunsthandwerkmuseum bewiesen es gerade die Ermittlungsorgane durch ihren intensiven Einsatz – sorgt entschlossen dafür, daß solchen Gaunern gründlich das Handwerk gelegt wird.«

Armin Wappler legte gegen das Urteil Berufung ein. Diese wurde am 3. Juli 1975 abgewiesen, die Schadensersatzzahlung jedoch auf eine »Höhe von 44.310,37 geändert«. Als Gründe der Ablehnung führt das Gericht an: »Wappler selbst hat in der Hauptverhandlung angegeben, daß er keine gute Arbeitseinstellung hat, jedoch sei er im Prinzip stets arbeiten gegangen, um nicht wegen Asozialität zur Rechenschaft gezogen zu werden. Der Angeklagte handelte aus dem Motiv heraus, auf kriminelle Art schnell zu Geld kommen zu wollen und mit Hilfe eines dann einzugehenden Scheinarbeitsverhältnisses künftig ein bequemes Leben zu führen. Dieser einer kleinbürgerlichen Ideologie entspringende Beweggrund zur Tat des Angeklagten, der kaum Verbindung zur Gesellschaft hat, in der er lebt, weil er sich durch seine Lebensweise und ständige Straftatbegehung von ihr selbst isoliert, die in der Tatvorbereitung, Absicherung, Durchführung und Versteckpraxis sichtbar werdende Intensität des verbrecherischen Willens, die äußerst verwerfliche Einstellung des Angeklagten zum sozialistischen Eigentum, speziell zu unersetzbaren Werten des nationalen Kulturbesitzes der DDR, die Unbeeindruckbarkeit durch langjährigen Freiheitsentzug, wenigstens die Begehung von Straftaten zu unterlassen, sowie die Hartnäckigkeit der Verteidigung unrealer Positionen selbst mit Hilfe neuer Straftaten im Verfahren, kennzeichnen den Hohen Grad der Schuld des Angeklagten, der in Einheit und Wechselwirkung mit der durch die Tat bewirkten großen objektiven Schädlichkeit die außerordentlich hohe Tatschwere der Handlung des Angeklagten bestimmt.

Es ist Sache des Angeklagten, aus seiner kriminellen Vergangenheit und der erneuten Bestrafung die richtigen Schlußfolgerungen zu ziehen. Solange er keine positive Veränderung in seinem Verhalten anstrebt und realisiert, wird die sozialistische Gesellschaft, die sich gegenüber dem Handeln weniger unbelehrbarer krimineller Personen wirksam zu schützen weiß, solchem Tun stets unnachsichtig die Zwangsgewalt des Staates entgegensetzen.«

Zwei Wochen waren nach dem ablehnenden Gerichtsbescheid ergangen, da setzte sich Armin Wapplers Kriminalgeschichte fort.

17. Juli 1975: Flucht über die Todeszelle

> Ein Haupt voll goldenem Haar ist oft teurer
> als ein Sack voll Dukaten.
>
> Sprichwort

Das Berufungsverfahren war am 3. Juli 1975 abschlägig beschieden worden, doch war der Fall des Armin Wappler damit nicht beendet. Die Fortsetzung dieser Kriminalgeschichte gäbe ein gutes Vorbild für einen Action-Reißer mit frisiertem Ende.

Literatur, auch die deutsche, lässt sich gern von wahren Verbrechen inspirieren. Hans Kohlhase, Grete Minde, Fritz Haarmann oder Rosemarie Nitribitt standen für Meisterwerke Pate. Auch Fausts Gretchen gab es wirklich: Susanna Margaretha Brandt. Schillers *Geisterseher* hieß tatsächlich Johann Georg Schröpfer. Und Vorbild für den Gemeinschaftsmord der *Via Mala* war Friedrich Kleinschroth, der Despot.

Doch hat man mancher Kriminalerzählung vorgeworfen, Blaupause für Verbrechen gewesen zu sein, ja, die Idee zu Mord und Diebstahl erst geliefert zu haben: Kaufhaus-Erpresser »Dagobert« setzte Disney-Comics in Taten um. Werner Gladow strukturierte seine Bande im Nachkriegs-Berlin nach dem Vorbild der Kinohits westlicher Prägung. Töteten die jungen Männer 2002 in Potzlow wirklich nach rechtsradikalem filmischen Vorbild *American History X*? Die Frage wird unbeantwortet bleiben. Wechselwirkungen zwischen künstlerischer und gelebter Wirklichkeit jedoch sind nicht zu leugnen.

Die klassische englische Kriminalliteratur steht bis heute auf den Bestsellerlisten. Dorothy L. Sayers gab dem Genre nachwirkende Impulse. Der Held ihrer Kurzgeschichte »Die

Inspiration des Mr. Budd« ist Vorstadtfriseur, seinen Salon betritt ein per Steckbrief gesuchter Frauenmörder. Der Verbrecher verlangt vom Meister: Bart ab und Haare färben! »Nicht umsonst hatte Mr. Budd die Wechselwirkungen der verschiedenen chemischen Haarfärbemittel so eingehend studiert. Im Hochgefühl seines Wissens hatte er dem Mann mit einem Merkmal versehen, das ihn unter Millionen dieser überbevölkerten Erde kenntlich machen musste. Gab es einen Hafen in der ganzen Christenheit, wo ein Mörder entwischen konnte, wenn jedes Haar an ihm grün war wie das Gefieder eines Papageis, grün der Schnurrbart, grün die Augenbrauen und grün wie eine Sommerwiese die dichte, wilde Mähne?«

Auch Armin Wappler überführten bei DDR-weiter Fahndung aufmerksame »Fachkräfte für die Pflege des Kopfhaares und für die Gestaltung der Frisur«.

Am Tage vorm Friseurbesuch der Beginn einer spektakulären Flucht: »Ereignisortbefundbericht zur Entweichung des Verhafteten Wappler, Armin, in U-Haft seit: 24.05.1974. am Donnerstag, den 17.07.1975, gegen 08.35 aus der UHA (Untersuchungshaftanstalt) Leipzig, Alfred-Kästner-Straße.

Sachverhalt: Der U-Gefangene Wappler, Armin, befindet sich seit dem 24. Mai 1974 in der UHA Leipzig und wurde am 23.05.1975 vom Bezirksgericht Leipzig §§ 158, 162 StGB zu einer Freiheitsstrafe von 13 Jahren verurteilt. Da der Angeklagte in Berufung ging, ist das Urteil noch nicht rechtskräftig (Verfahren befindet sich beim Oberlandesgericht).

Fluchtablauf: Am Donnerstag, dem 17.07.1975, gegen 08.30 Uhr wurden ca. 60 Verhaftete der Station 3 der UHA Leipzig zur Freistunde auf den Freistundenhof II geführt. Verantwortlich für die Durchführung der Freistunde war der Stationsleiter 3, Obermeister des SV (Strafvollzugs) Weidenbach. Beim Einlauf auf den Freistundenhof I konzentrierte der Omstr. Weidenbach seine Aufmerksamkeit auf das Frauenhaus, welches die nördliche Begrenzung des Hofes II bildet. Als er unmittelbar darauf zur Wand des Objektes B sah (westliche Begrenzung des Hofes II), stellte er fest, daß der Verhaftete Wappler ca. 2 m über dem Erdboden am dort befindlichen Blitzableiter nach oben kletterte.« Er rief mehrmals »Kommen Sie herunter! Kommen Sie herunter!« Dann betätigte er die Alarmanlage.

»Als nächste Maßnahme wurde der Genosse Meister des SV Powallek durch Zuruf von Weidenbach von der Gefangenenentweichung verständigt. Gen. Powallek befand sich im Zellenhaus und löste weiteren Alarm aus.

Befundaufnahme zum Fluchtweg: Die Besichtigung und kriminaltechnische Untersuchung des Fluchtwegs ergaben: Der Verhaftete Wappler kletterte vom Hof II am Blitzableiter des Objektes B ca. 18 m zum Dach des Objektes in die Höhe. Er passierte dabei die Fenster der Verwahrräume 115, 184, 252, 321. Diese Fenster liegen ca. 1 m neben der Blitzschutzanlage. Auf dem Dach des Objektes lief der Verhaftete Wappler ca. 12 m in nördliche Richtung zum angrenzenden Objekt D. Hier konnte er über den Dachwinkel zum Dach des Objektes D (Frauenhaus) gelangen.«

Im Erdgeschoss des Hauses D befand sich – ein streng gehütetes Geheimnis – die Hinrichtungsstätte der DDR. »Im Leipziger Gefängnis stand ab Mitte der 50er-Jahre die Hausmeisterwohnung leer. Einen Stock unter den Gefängniszellen befand sich die Wohnung, die mit einfachen Umbaumaßnahmen wie dem Zumauern eines Fensters zum Todestrakt wurde. Im früheren Wohnzimmer des Hausmeisters befand sich das Büro des Henkers, ausgestattet mit Telefon und Schreibmaschine. Vom Flur ab ging die vergitterte Wartezelle der Delinquenten. In einem kleinen Raum daneben stand schon ein Kiefernsarg bereit – die Tür wurde aber geschlossen gehalten, damit die Todeskandidaten nicht in Panik gerieten.« Im 2,32 Meter hohen Kinderzimmer wurde mit der 500 Kilogramm schweren Fallschwertmaschine dann geköpft. 34-mal soll das Beil im Raum gefallen sein, der Aktenführung ist tatsächlich nicht zu trauen. Letztlich waren es 64 Menschen, die in Leipzig hingerichtet wurden.

»Die Todeskandidaten sind fast immer aus anderen Gefängnissen in der DDR gekommen«, sagt der heutige Leiter der Haftanstalt Leipzig-Wachau, »und erst unmittelbar vor der Vollstreckung zur Hinrichtung gebracht worden, damit von den Leipziger Gefangenen niemand etwas von ihrem plötzlichen Verschwinden mitbekam. Und falls doch mal ein Leipziger Gefangener hingerichtet werden sollte, ist dieser in einen Kleinbus vom Typ Barkas gesteckt worden und aus Geheimhaltungsgründen einmal um den Block gefahren worden. Durch ein Tor ist er dann wieder ins Gefängnis und mit ein paar Schritten in die alte Hausmeisterwohnung gebracht worden.«

Bis 1967 wurden alle Todesurteile mit der »Fallschwertmaschine« vollstreckt. Letztmalig fiel ihr Beil am 6. September 1967 und richtete zwei Sexualstraftäter hin. »Nach einer Änderung des Strafgesetzbuches tötete man ab 1968 mit einem unerwarteten Nahschuß in das Hinterhaupt. Anwesend waren bei der Hinrichtung der Leiter der Strafvollzugseinrichtung, der zuständige Staatsanwalt, der Leiter des Haftkrankenhauses Leipzig-Meusdorf als Arzt, der Scharfrichter, zwei Gehilfen sowie in der Regel ein Offizier des MfS. Scharfrichter und Gehilfen waren Angestellte der Strafvollzugseinrichtung und wurden jeweils für die Hinrichtungen herangezogen. Nach der Hinrichtung vernagelten die beiden Scharfrichtergehilfen den Sarg und brachten diesen ins Krematorium auf dem Leipziger Südfriedhof. Er wurde nicht noch einmal geöffnet, sondern umgehend in Anwesenheit der Gehilfen verbrannt. Auf dem Totenschein notierte der Gefängnisarzt meist: akute Herz- und Kreislaufschwäche.« Auf diese Art vollstreckte man am 26. Juni 1981 letztmalig im Todestrakt ein Todesurteil. Der Verurteilte

Werner Teske galt als Landesverräter, wirkliche Schuld ist ihm nie nachgewiesen worden. Zurzeit wird das Anstaltsgebäude rekonstruiert, die Hinrichtungsstätte in ihm soll Museum werden.

Auf dem Dach darüber konnte Armin Wappler am 17. Juli 1975 von den dort befindlichen Laufbrettern »zum angrenzenden Wohngrundstück Arndtstr. 46 kommen. Das Grundstück schließt unmittelbar am westlichen Giebel des Objektes D an. Der Höhenunterschied zwischen Objekt B und D beträgt an der Überstiegsstelle ca. 3 m im Winkel von ca. 45 Grad. Der Höhenunterschied zwischen Objekt D und dem Flachdach des Wohngrundstückes Arndtstr. 46 beträgt ca. 1,50 m. Auf dem Flachdach des Grundstückes befindet sich eine Dachluke in den Abmessungen 50 x 70 cm. Durch diese Luke stieg der Verhaftete Wappler offensichtlich ein.

Die Dachluke befand sich nach Aussage der Hausbewohner im geschlossenen Zustand, aber nicht verschlossen. Die am Lukendeckel befestigte Sicherungskette ist durchtrennt, und es fehlen augenscheinlich einige Kettenglieder. Die Kette befindet sich nach Angaben der Hausbewohner seit über einem Jahr in vorgefundenen Zustand und ist nicht verschlußfähig.

Von der Luke führt eine Anstelleiter auf den obersten Treppenpodest des Grundstückes. Vom Treppenpodest über das Treppenhaus konnte der Flüchtige ungehindert das Grundstück verlassen. Die Anstelleiter befand sich ursprünglich schon immer an der beschriebenen Stelle.

Beim Verlassen des Grundstückes wurde der Verhaftete Wappler durch die Zeugin Gröscho, Manuela, geb. 27.01.1960, wohnh. 703 Leipzig, Brandvorwerkstr. 32, gegen 08.40 Uhr gesehen. Die von der Zeugin abgegebene Personenbeschreibung stimmt mit der des Flüchtigen überein.

Bemerkungen: Spuren konnten im Bereich des gesamten Fluchtweges nicht gesichert werden, da bei der Verfolgung des Flüchtigen eine Vielzahl von SV-Angehörigen die Fluchtstrecke begangen hatten.«

Armin Wappler war entwichen, daran konnte kein Zweifel bestehen. Mühsam versuchten sich die Anstaltskräfte klar zu werden, wie die Flucht gelingen konnte. Ein »Wege- und Zeitplan« wurde erstellt:

Vom Freistundenhof II über die Blitzschutzanlage zum Dach des Objektes B ca. 18 m / max. 2 min.

Aufstiegsstelle des Objektes B bis Dachschräge Objekt B / Objekt D ca. 12 m / max. 20 sec.

Dachschräge Objekt B / Objekt D ca. 3,5 m / max. 5 sec.

Dachfirst Objekt B bis zum Anschluß des Grundstückes Arndtstr. 46 ca. 20 m / max. 50 sec.

Flachdach Grundstück Arndtstr. 46 bis Einstiegsluke ca. 10 m / max. 15 sec.

Durchsteigen der Dachluke – Verlassen des Treppenhauses (5. Etage) bis zu Haustür Arndtstr. 46 ca. 50 m / max. 2 min.

Insgesamt: ca. 115 m / max. 5–6 min.

Noch am selben Tag wurde an die Presse Mitteilung gegeben: »Rechtsbrecher gesucht! Seit dem 17.7.1975 gegen 8.35 Uhr wird der Rechtsbrecher Wappler, Armin, geb. 4.12.1948 in Leipzig, wohnhaft gewesen Schkeuditzer Straße Nr. 19 gesucht.« Die Personenbeschreibung lautet wie folgt: »Scheinbares Alter 25 bis 35 Jahre, 1,75 m groß, schlanke Gestalt, dunkelbraune Augenfarbe, Oberlippenbart. Bekleidung: schwarze lange Hose, gestrickter Pullover, Farbe rot-schwarz, in sich gemustert, ohne Kragen. Schuhgröße 42, Kleidung kann zwischenzeitlich gewechselt sein. Besondere Kennzeichen: Tätowierungen am linken Unterarm – Herz mit darüberliegenden gekreuzten Schwertern und noch andere schlecht erkennbare Tätowierungen. Am rechten Unterarm: ein etwa sechs Zentimeter großes Seemannsgrab, darunter zwei gekreuzte Schwerter. Hinweise, die auf Wunsch auch vertraulich behandelt werden, nimmt jede Dienststelle der Volkspolizei entgegen.« Unterzeichnet: BDVP Leipzig, Abteilung Kriminalpolizei.

In der UHA wurden Wapplers Mitgefangene befragt, ob sie von dessen Fluchtabsichten gewusst hätten. Der 14-jährige Schüler Mario Brettschneider, geb. 23.2.1959, wh. Borna, war wegen Einbruchsdiebstahl verhaftet worden. Er »ist sehr kontaktarm und verstockt. Trotz eines zweistündigen Kontaktgespräches antwortete B. nur mit ja oder nein. Trotzdem ist nicht zu vermuten, daß B. Von dem Vorhaben des W. Kenntnis hatte.« Ein anderer Zelleninsasse (*1952) war des sexuellen Missbrauchs verdächtig und gab an, er habe mit dem Flüchtigen »oft Schach gespielt«, mehr aber nicht. Und dem Dritten (*1953) ging der W. aufgrund von »Angeberei und Besserwisserei« nur »mächtig auf den Keks«. Hilfreiche Angaben konnte keiner dieser Häftlinge machen, oder er wollte der VP nicht helfen, denn zweifellos hat Armin Wapplers Husarenstück beeindruckt.

Die Fahndungsmeldung war am Morgen in der Presse kaum erschienen, da konnte von der Verhaftung des Entwichenen berichtet werden.

»Leipzig, den 18.07.1975

Betr. Festnahme des Strafgefangenen Wappler, Armin.

Am 18.07.75 erfolgte der telefonische Hinweis vom Friseursalon PGH *Adrett*, 701 Leipzig, Eutritzscher Straße 21 (Stadtbad). Es wurde mitgeteilt, daß sich im Friseursalon eine männliche Person befindet, die sich die Haare und Augenbrauen von dunkelbraun auf hellblond färben lassen will. Die Einfärbung wurde zu diesem Zeitpunkt bereits begonnen. Zur Überprüfung des Hinweises wurden vom Komm. 5 vier Genossen eingesetzt. Das Stadtbad wurde mit PKW Wartburg gegen 10.10 Uhr erreicht. Nach Rücksprache mit der Hinweisgeberin wurde festgestellt, daß sich die betreffende Person im Friseursalon unter der Trockenhaube befindet. Bei der Bobachtung dieser Person (trug keinen Oberlippenbart mehr) wurde festgestellt, daß es sich um den gesuchten Wappler handeln könnte. Nach dem Entfernen der Trockenhaube und Spülung des Haares, die betreffende Person beugte sich dabei nach vorn, wurde ein blau-weiß gestreiftes Unterhemd (ähnlich Haftkleidung) sichtbar. Daraufhin wurde die Person angesprochen, der linke Hemdärmel nach oben gestreift und die bekannte Tätowierung erkannt. Damit stand fest, daß es sich um den gesuchten Wappler handelte, dies wurde von ihm bestätigt.

Wappler wurde festgenommen und mit Handfesseln, die an beide Unterarme angelegt wurden, zum PKW gebracht. Die anderen beiden Genossen übernahmen die Sicherung. Zur weiteren Absicherung und Zuführung zum VPKA Leipzig kamen vier Genossen der BdVP Leipzig, Dez. II und zwei FSTW (Funkstreifenwagen) zum Einsatz. Die Zuführung erfolgte zwischen den beiden FSTWs unter Nutzung von Sondersignal ohne Vorkommnisse zum VPKA.

Im VPKA Leipzig, Dienstzimmer des Komm. 5 (124) wurde Wappler einer Leibesvisitation unterzogen und 33,-M Bargeld sowie andere, im Leibesvisitationsprotokoll aufgeführte Gegenstände vorgefunden. Gegen 11.00 Uhr wurde der Strafgefangene Wappler durch Komm. 5 ab die Genossen des StVA Leipzig übergeben. Wappler wurde mittels Gefangenentransport in die UHA Leipzig überführt.«

Armin Wappler war wieder dort angekommen, wo er kaum 24 Stunden vorher ausgebrochen war. Im Verhör schildert er seine Flucht. »Vernehmungsprotokoll vom 18. Juli 1975: Nach meiner Urteilsverkündung und der Aussprechung eines Freiheitsentzuges von dreizehn Jahren entstand in mir der Plan eines Ausbruchs aus der UHA-Leipzig. Da ich mich dem Verbüßen dieser langen Zeit entziehen wollte. Dabei hatte ich das Ziel, unbedingt die DDR zu verlassen und nach der BRD zu gelangen. Da ich stets diese dreizehn Jahre vor Augen hatte, verfestigte sich bei mir immer mehr die Idee, unbedingt hier zu entweichen und nach der BRD zu gelangen. Daraus folgte, daß ich mich nunmehr sehr intensiv mit

Möglichkeiten gedanklich beschäftigte, um einen Ausbruch zu realisieren.

So nahm ich jeweils bei der Freistunde die Gelegenheit auszukundschaften, welche Möglichkeiten es geben würde. Da ich als U-Gefangener mitunter sowohl im kleinen, als auch im großen Hof lief, kam ich zu der Überzeugung, daß die günstigste Gelegenheit im großen Hof sei, da sich dort ein Blitzableiter befindet. Desweiteren hatte ich bei Gesprächen mit Mitgefangenen erfahren, daß man vom Dach des hiesigen D-Flügels auf ein Dach der angrenzenden Wohngebäude gelangen kann.« Das war gelungen.

»Ich rannte das Treppenhaus hinunter bis zum Erdgeschoß. Dort warf ich meinen Anorak ab und rannte auf die Straße. Wider meiner Kalkulation von 4 Minuten schätze ich ein, daß ich hierher nur insgesamt eine Minute gebraucht hatte. Es war noch keine Alarmierung erfolgt, zumindest standen noch keine Absperrposten da. Ich rannte in Richtung Karl-Liebknecht-Straße, begegnete unterwegs einem SV-Angehörigen in Uniform, welcher meiner Meinung nach zum Zuführkommando gehören müßte. Er schaute mich zwar an, reagierte aber nicht. Ich überquerte die Karl-Liebknecht-Straße. Dabei hatte ich bemerkt, daß ein grauer PKW Wartburg-Kombi in langsamer Fahrt Richtung Stadtmitte fuhr. In dem Fahrer vermutete ich einen Angehörigen der Kriminalpolizei. Wegen dieser Feststellung und dem Nachlassen meiner körperlichen Kräfte – ich hatte meine Kondition überschätzt –, beschloß ich, sofort unterzutauchen. Ursprünglich hatte ich vor, mich zum Clara-Zetkin-Park zu begeben. Als ich die Einmündung der Kochstraße erreicht hatte, bog ich nach rechts ab, und lief in die erste offenstehende Toreinfahrt nach dem dort befindlichen Bäckerladen hinein. Ich begab mich sofort auf den Boden des Grundstücks, um mich dort zu verstecken. Da die Bodentür mit einem Sicherheitsschloß gesichert war, lief ich zurück. Dabei begegnete ich in der 1.

oder 2. Etage einem älteren Mann. Ich verließ das Grundstück und hörte jetzt erstmalig die Sirenen der Funkstreifenwagen. Ich lief sofort in die nächste Toreinfahrt und begab mich wieder auf den Boden. Auch hier war die Bodentür verschlossen. Ich begab mich jetzt in den Hof dieses Grundstückes, stieg über einen 40 cm hohen Gitterzaun, befand mich nun im Gelände eines holzverarbeitenden Betriebes und versteckte mich hier zwischen zwei Garagen. Hier verweilte ich bis gegen 22.00 Uhr.

Nach Einbruch der Dunkelheit, gegen 22.00 Uhr, begab ich mich zum Gelände der dort befindlichen PGH oder eines VEB Betriebes. Am Gebäude dieses Betriebes befand sich in der Höhe des Kellers eine Luke, welche mit Werg ausgestopft war. Ich entfernte das Werg, bog einen Riegel zurück und konnte somit die Luke öffnen und einsteigen. Im Inneren des Gebäudes kam ich unter einem Tisch heraus. Es handelte sich um einen Raum, wo meiner Meinung nach Nitro-Arbeiten ausgeführt wurden.

Ich begann mit der Durchsuchung der gesamten Räumlichkeiten nach Bekleidungsgegenständen, Lebensmitteln, Bargeld und anderen für mich nützlichen Sachen. Ich konnte ungehindert alle Räume betreten.

Ich versuchte, mit einem vorgefundenen Schlüssel zwei Schränke zu öffnen. In einem Büroraum gelang es mir, den Stahlschrank aufzubiegen. In diesem Stahlschrank befand sich eine Kassette. Diese konnte ich öffnen und das darin befindliche Bargeld entnehmen. Es handelte sich dabei um 250 bis 260 Mark in Scheinen und ca. 100 Mark in Hartgeld. Ich fand auch Ausweispapiere vor, wovon ich einen auf den Namen Martin, Peter, geb. 12.09.1950 wh. Leipzig, Ernst-Thälmann-Straße 94, ausgestellten FDGB-Ausweis an mich nahm. Diese Personalien prägte ich mir ein, da ich mich bei ev. Kontrollen als Peter Martin ausgeben wollte.

Eine vorgefundene Hose zog ich an, desweiteren eine rosafarbene Strickjacke, welche ich in eine vorgefundene Aktenmappe packte. Erwähnen möchte ich noch, daß sich das Bargeld in Lohntüten befand.

Ich verblieb bis gegen 03.00 Uhr in diesem Gebäude. Mit Hilfe eines vorgefundenen Weckers konnte ich mich zeitmäßig orientieren. Kurz nach 03.00 Uhr verließ ich das Tatobjekt durch die Hintertür, indem ich durch das Fenster der Hintertür ausstieg.«

Es war das Haus Arndtstr. 29, in dem der VEB Raumbeleuchtung untergebracht war. Der FDGB-Ausweis des Peter Martin befand sich im Betrieb, da Martin seinen Armeedienst leistete und vom Arbeitsverhältnis beurlaubt war. Bei Armin Wappler fanden sich folgende Dinge, die dem VEB Raumbeleuchtung zurückerstattet wurden:

343,58 Mark Bargeld
Blaue Silastik-Hose
Rosa Strickjacke
Aktentasche
5 Beutel Kaffee à 1,50 M
1 Brille mit Etui
3x Hautcreme
2 Haushaltkerzen
1 FDGB-Ausweis Martin, Peter
1 Zange
6 LVB-Fahrkarten im Block à 1 M
1 Handtuch
1 Paar Handschuhe
1 Rolle Reibband, 12 m
6 Schachteln Streichhölzer
1 Kugelschreiber
1 Besteck
1 Fingernagelfeile
1 Spiegel
1 Kamm

Aus dem Gefängnis hatte Wappler außerdem noch einen Rasierapparat mit drei Klingen, Nähzeug, Streichhölzer, einen Dietrich, »den er sich aus einem Kleiderhaken gebogen hatte«, bei sich.

Von VEB Raumbeleuchtung aus gelangte »ich durch verschiedene Gärten und Höfe zur Hinterfront eines weiteren Grundstückes. Es handelte sich dabei um das Grundstück der VP-Meldestelle. Dort befand sich ein Abbruchgrundstück (in der Schenkendorfstraße), wo ich mich versteckte. Teilweise hielt ich mich auch im Hof des genannten Grundstückes auf. Auf diesem Gelände legte ich auch den mitgenommenen Wecker ab. Nach ca. 1 Std. begab ich mich in Richtung des Neubaukomplexes Arndtstraße, von dort in Richtung Brandvorwerkstraße zur Haltestelle der Straßenbahnlinie 24, die gegen 04.21 Uhr stadteinwärts fuhr und fuhr bis zur Haltestelle Georg-Schumann-Straße/Lützowstraße. Dort traf ich gegen 05.00 Uhr ein. Die Turmuhr der Kirche schlug gerade die fünfte Stunde.

Ich hatte vor, das Wohngrundstück meiner Großmutter aufzusuchen, nahm davon aber Abstand, da ich vermutete, daß dies überwacht wurde. Ich lief zurück zur Menckestraße, da ich mich über die Öffnungszeiten der Poliklinik Nord informieren wollte. Ich hatte die Absicht, mich in den Vormittagsstunden im Warteraum der Poliklinik aufzuhalten. Da die Poliklinik erst um 08.00 Uhr öffnete, begab ich mich zur Haltstelle der Straßenbahnlinie 7 in der Menckestraße. Ich fuhr mit dieser Linie, es ist gegen 05.15 Uhr gewesen, in Richtung Hauptbahnhof, am Grassimuseum vorbei bis zur Kohlgartenstraße. Dort verließ ich die Straßenbahn, lief ein Stück in Richtung Riebeckstraße, bestieg dort die Linie 22, fuhr einige Haltestellen stadtauswärts, verließ die Linie 22 wieder und gelangte über den Täubchenweg zum Johannisplatz, stieg dort in die Linie 7 ein und fuhr bis zur Haltestelle Lindenthaler Straße. Gegen 06.00 Uhr betrat ich den dort befindlichen Schnellimbiß und trank ein Glas Bier, welches ich von dem entwendeten Bargeld bezahlte. Ich hielt mich nur kurz dort auf, da ich mich beobachtet glaubte.

Ich verließ den Schnellimbiß, stieg in die Linie 11 ein und fuhr stadteinwärts zum Stadtbad. Ich stieg an der Haltestelle Chausseehaus aus und betrat gegen 07.00 Uhr das Stadtbad, wo ich ein Wannenbad nahm. Als Badewärterin fungierte eine ältere Frau, die ich noch fragte, ob ich bei einem längeren Aufenthalt nachzahlen müsse. Nachdem ich das Wannenbad verlassen hatte, begab ich mich in den dort befindlichen Friseursalon, um mir meine Haare blond färben zu lassen.« – Das Ende einer Flucht …

… und Armin Wapplers Versprechen: »Abschließend möchte ich noch folgendes sagen. Nach meiner Verurteilung zu 13 Jahren Freiheitsentzug wegen meines Einbruchs im Grassimuseum gelange ich zu der Überzeugung, daß es in der DDR nicht möglich ist, ein Leben auf Straftaten zu gründen. Jedoch hatte ich immer die vage Hoffnung, aus dem Strafvollzug flüchten zu können. Nachdem man diese Flucht jedoch derartig schnell unterbrochen hat, ist mir klar, daß es auch nicht möglich ist, eine Flucht erfolgreich durchzuführen. Somit bin ich zu der Überzeugung gelangt, daß es unmöglich ist, in irgendeiner Form in der DDR als Straftäter zu bestehen. Wenn man mir es heute auch nicht glaubt, so kann ich den Staatsorganen voll versichern, daß ich ausgehend von dieser Überzeugung keine Straftaten mehr begehen werde. Es ist das erste Mal in meinem Leben, daß ich dies tatsächlich einsehe. Mir ist klar, daß ich im Verlaufe meines noch zu verbüßenden Strafmaßes trotz hoher Aufmerksamkeit der Staatsorgane, immer wieder mal eine unmittelbare Fluchtmöglichkeit ergeben würde. Ich habe jedoch nicht die Absicht, solche Möglichkeiten nochmals zu nutzen. Wenn ich mich zu früheren Zeiten ernsthaft und konsequent dazu entschlossen hatte, ein Leben als Straftäter zu führen, so habe ich auch alles getan, um diese Lebensweise durchzusetzen. Trotzdem ich mir klar bin, daß man mir jetzt keinen Glauben mehr schenkt, möchte ich sagen, daß ich mich genauso konsequent, wie ich mich früher zu Straftaten entschlossen habe, nun dazu entschlossen habe, mein Leben auf gesetzlicher Grundlage fortzusetzen. Ich traue es mir zu, mit noch höherer Konsequenz als bei der Straftatbegehung, nun ehrlich zu leben. Zur Untermauerung meines zuletzt Gesagten, möchte ich in einer gesonderten Vernehmung zu weiteren Fluchtmöglichkeiten aus der UHA-Leipzig, mir bekannte Straftaten anderer Personen, Geldablagerungen, die geheim sind, geplante Straftaten anderer Personen, geplante Waffenbeschaffungen und so weiter Angaben machen. Dies mache ich, um mich für immer von Straftaten abzugrenzen und zu distanzieren. Damit möchte ich meine Aussage für heute beenden.«

Es erfolgt eine »erneute Verurteilung zu 7 Jahren wegen gelungener Flucht aus der UHA Kästnerstraße und erfolgender Großfahndung«. Die nunmehr 20-jährige Haftstrafe saß Armin Wappler ab. »1987 sollte ich amnestiert werden, wurde aber kurz vor der Haftentlassung von der Amnestie ausgeschlossen. Dadurch zog ich mir einen schweren Schock zu und musste 6 Monate stationär psychiatrisch behandelt werden. Die Begründung der Generalstaatsanwaltschaft für diese Nichtamnestierung ist unwahr und verstößt m. E. gegen die Grundregeln sozialistischer Rechtspflege. So wurde mir unterstellt, es würde Wiederholungsgefahr betreffs Diebstahl von Kunstgegenständen bestehen.«

Eine vorzeitige Entlassung erfolgt dennoch: am 23. März 1990 – die Gesellschaft befand sich in rasantem Umschwung. Urteile der DDR-Strafjustiz hatte man der Prüfung unterzogen und neu beurteilt.

13. Juli 1994: Telefonisches Nachspiel

Was wäre der Mensch ohne Telefon! Ein armes Luder.
Was aber ist er mit Telefon? Ein armes Luder.

Kurt Tucholsky

Nach Wendewirren fand sich Armin Wappler in Stuttgart
wieder und stand auf dem Bahnhofsvorplatz, den Geschäfte
säumen und unter dem sich eine Einkaufspassage befindet.
Dort entwendete er »am 13.07.1994 in der Firma Flachsmann ein Panasonic-Mobiltelefon im Wert von 588 DM«.
Der Strafbefehl erreichte ihn am 29. September und verurteilte Wappler zu »40 Tagessätze à 20 DM«. Die Berufungs-
verhandlung setzte die Strafe auf »30 Tagessätze zu 10 DM«
fest.

Die Firma Flachsmann befindet sich noch immer am Ar-
nulf-Klett-Platz 3. Über Armin Wappler ist keine Auskunft
zu erhalten.

Stadtgeschichtliches Museum Leipzig

> Das Beste, was wir von der Geschichte haben, ist der
> Enthusiasmus, den sie erregt.
>
> Johann Wolfgang von Goethe

Am 11. Februar 1556 legten Beauftragte der Stadt den Grundstein für Leipzigs Altes Rathaus. Bereits im Oktober konnten erste Räume vermietet werden. 300 Jahre später war der bauliche Zustand des Repräsentationsgebäudes so miserabel, dass 1865 erste Abrisspläne vorlagen. Zu Beginn des 20. Jahrhunderts beauftragten die Stadtväter den Architekten Arthur Kahnt zu prüfen, ob das Haus überhaupt zu retten sei. »Glücklicherweise nahm er zufällig gerade dort Proben, wo das Mauerwerk noch passabel war. Bei Kenntnis des tatsächlichen Zustands hätten sich die Sachverständigen wahrscheinlich für den Abriß entschieden.« Am 31. August 1905 tagte letztmalig der Stadtrat im Haus, danach begannen die Umbauarbeiten. Erste Geschäfte zogen im Oktober 1907 wieder in das renovierte Erdgeschoss. In den oberen Etagen, so hatte der Rat der Stadt am 30. Dezember 1905 verfügt, sollten die Sammlungen des Vereins für die Geschichte Leipzigs Ausstellungsplatz finden.

1867 hatten engagierte Bürger den Geschichtsverein gegründet und sichtbar Spuren hinterlassen. Gedenktafeln brachten sie an Häuser, interessante Ereignisse und Anekdoten wurden publiziert, vor allem aber trugen die Vereinsmitglieder Zeugnisse der Stadtgeschichte zusammen: In kaum fünf Jahren war der Bestand auf 900 Bilder und Pläne, 1200 andere Kunst- und Gewerbezeugnisse angewachsen, und gesichert werden konnte die historisch bedeutende Bibliothek von über 5000 Bänden des Geschichtsforschers,

Restaurateurs, Kaffeehausbesitzers und Schriftstellers Maximilian Poppe. All die Kulturgüter lagerten in beengten Räumen des Johannishospitals – dem Ort, an dem später das neue Grassimuseum entstehen sollte. Am 18. Dezember 1906 stimmte die Mehrheit im Verein – jedoch nicht ohne Wiederspruch – zu, die reichen Sammlungen in die Obhut der Stadt zu übergeben. »Im August 1908 erfolgte dann der offizielle städtische Beschluß, auf der Grundlage der Sammlungen des Geschichtsvereins ein Stadtgeschichtliches Museum im Alten Rathaus einzurichten.«

Dr. Albrecht Kurzwelly wurde mit Aufbau und Leitung des Vorhabens betraut und beabsichtigte, »ein Bild städtischer Kultur entstehen lassen, wie es übersichtlicher und gehaltvoller nur wenige deutsche Städte darzubieten vermögen«. Ergänzt wurden die vorhandenen Sammlungen durch Objekte aus der Stadtbibliothek, dem Kunstgewerbemuseum, dem Museum der bildenden Künste sowie dem Völkerkundemuseum. Bis dahin war Kurzwelly stellvertretender Direktor des städtischen Kunstgewerbemuseums gewesen und hatte die Sammlungen des Geschichtsvereins ehrenamtlich betreut. »Im Unterschied zu anderen Museumsdirektoren seiner Zeit ordnete Kurzwelly die Sammlungen für die zukünftige Ausstellung nicht chronologisch, sondern nach den Bereichen Politische Geschichte, Kommunales und soziales Leben, Wirtschaftliche Kultur, Geistige Kultur und Privatleben. Geht man mit frühen Museumsführern durch die heutige Ausstellung des Hauptgeschosses, wird augenfällig, daß alle Modernisierungen und Neuerungen der letzten neunzig Jahre letztlich wieder zu der Kurzwellyschen Ordnung geführt haben.«

Die offizielle Sammlungsübergabe fand am 20. April 1909 statt, das Datum gilt als Gründungstag des Stadtgeschichtlichen Museums Leipzig. Ende Juli gleichen Jahres konnte bereits eine erste Schau ihre Pforten öffnen, am 11. Dezember 1911 folgte die Museumseröffnung im Hauptgeschoss (am 12. Juni 1916 dann im II. Stock). »Schönere, würdigere und zugleich intimere Räume hätte die Sammlung nicht finden können als die Säle und Zimmer unsres ehrwürdigen alten Rathauses. Dreieinhalb Jahrhunderte war es der Mittelpunkt der heranblühenden Stadt, verkörperte ihre Geschichte; jetzt spiegelt es, in glücklich getreuer Erneuerung selbst ein überragender Zeuge alter Zeit, ihre geistige Entwicklung, ihr reiches inneres und äußeres Leben, ihre geistige und materielle Kultur, ihre Schicksale in frohen und in trüben Tagen in Zeugnissen mannigfachster Art, vom roh behauenen romanischen Würfelkapitell bis zur reifen Kunst des Rokoko, von den Anfängen des slawischen Fischerdorfs zur Größe der Meß- und Weltstadt.«

Nach dem frühen Tode Albrechts Kurzwellys 1917 oblag die Museumsleitung während Weimarer Republik und Nazistaat dem liberalen Dr. Friedrich Schulze. Er setzte neue Akzente. Die Bombardierungen trafen das Alte Rathaus im Dezember 1943 und im November 1944 schwer. Die wertvollen Bestände waren ins Leipziger Umland ausgelagert worden. Durch Plünderungen der Bevölkerung und der Besatzungsmacht ging dort Museumsgut unwiederbringlich verloren. »Trotz aller Schwierigkeiten konnten die Mitarbeiter schon Weihnachten 1945 in der Ruine eine Sonderschau zum Thema ›Der Wiederaufbau‹ zeigen. Im Februar 1946 folgte die Ausstellung ›Leipzig im Wandel der Jahrhunderte‹.« Nach Baureparaturen und mit sozialistischer Konzeption eröffnete 1971 die ständige Ausstellung »Leipzig gestern – heute – morgen«. Auch gegenwärtig befindet sich im Hauptgeschoss des Alten Rathauses die ständige Ausstellung zur Stadtgeschichte.

Derzeit gehören zum Museum acht Einrichtungen mit unterschiedlichen thematischen Schwerpunkten. Über 500.000 Objekte bergen die Sammlungen zu Numismatik, Militaria, Alltagskultur, Handwerk, Stadt-, Landes-, Kultur- und Theatergeschichte. Darunter 1075 Gemälde, 19.000 Grafiken, 20.000 Autografen, 100.000 Bücher.

9. Oktober 1937: Moses' Entführung

> Da sagte Mose zum Volk: »Fürchtet euch nicht!
> Gott ist gekommen, um euch auf die Probe zu stellen.«

Exodus 20,20

Es meldeten die Sensation Zeitungen in Warschau, Stock-
holm, Paris, London, Wien, Tientsin, … »Lipsk: W tutej-
szym museum dokonat nieznany sprawa kradzieży obra-
zupesza Lukasa Cranacha. Obrazten przedstawia postać
Mojżesza z tablicami przykazań I ludem żydowskim na dru-
gim planie. Wartość obrazu, na malowanego przed 400 laty,
wynosi kil kadziesiat tysiecy marek.«

Svenska Dagbladet: »I förmiddags förövades en sensatio-
nell stöld 1 Statshistorika museet I Leipzig. En av museets
dyrbaraste tavlor, en oljemánlning av Lucas Cranach, före-
ställande Moses med de tvá lagtavlorna och det Israelitiska
folket i bakgrunden stals utan att amn hittills lyckats fá tag
pá tjuven.«

Le Figaro: »Tous les postes de police d'Allemagne et les
principales polices étrangères ont été avisés par T.S.F. du vol
commis à Leipzig et ont reçu le signalement du tableau.«

The Times lässt ihren Korrespondenten ausführlich
von vor Ort berichten: »Theft of old master at Leipzig – a
400-year-old painting by Lucas Cranach was stolen from
the City of Leipzig's Historical Museum yesterday morning.
The thief appears to have been one of 10 or so visitors to
the museum in the morning, when only one attendant was
on duty in the hall. At about 12 o'clock the porter noticed,
to his astonishment, that where the Lucas Cranach painting
should have hung there was only a empty space. The picture
had been torn down, and as it is not large could easily have

been concealed under the thief's coat while he made his way out of the museum. The Lucas Cranach picture, which was set in a gold frame and showed Moses with the tablets of the Law and children of Israel in the background, was one of the most treasured possessions of the museum. The value is estimated at 25.000 M. (over £ 2.000), but it is thought that a collector might give considerabely more for it. The police of foreign countries have been advised of the fact by wireless and their assistance has been sought.«

In Leipzig war es längst Stadtgespräch, dass ein »Lucas Cranach« gestohlen worden war. Denn es war »ein unersetzlicher Verlust für Leipzig. Am Sonnabend, den 9. Oktober 1937, zwischen 10.30 und 12 Uhr wurde aus dem Stadtgeschichtlichen Museum im Alten Rathaus, Obergeschoß, ein Oelgemälde gestohlen: Moses, Halbfigur, mit den zehn Gesetzestafeln, im Hintergrund das Lager der Israeliten mit der erhöhten Schlange. Oelgemälde auf Birnbaumholz, 33 Zentimeter hoch, 21 Zentimeter breit und hing zur Zeit des Diebstahls in einem schmalen, schlichten Goldrahmen. Das Bild ist wahrscheinlich ein Ausschnitt aus einem größeren Gemälde. Als Täter kann nur ein Besucher des Museums in Frage kommen. Nachdem der Diebstahl festgestellt worden war, hatten sich bereits etwa zehn Besucher aus dem Museum wieder entfernt. Diese werden in ihrem eigensten Interesse und zur Aufklärung des Diebstahls dringend gebeten, sich sofort bei der Kriminalpolizeidienststelle Leipzig, Zimmer 113, zu melden.«

Lucas Cranachs Gemälde befand sich »im sogenannten Kirchenraum (Raum 3), in dem der Fürstenstuhl steht. Das Bild stammt aus der ersten Hälfte des 16. Jahrhunderts. 1910 wurde es aus alten Leipziger Lucas-Cranach-Besitz in das Stadtgeschichtliche Museum eingegliedert. Das kleine Gemälde ist ein Flügel oder Bruchteil eines größeren Bildes, das nach längerem Verschollensein morsch aufgefunden wurde, so daß nur noch dieser Rest geborgen werden konnte. Wenn es allerdings auch nicht zu den größten und bekanntesten Werken des Reformationsmalers gehört, so ist es doch eine seine Arbeit und bedeutet wegen seiner Unersetzlichkeit einen Verlust, der nicht hoch genug veranschlagt werden kann. Der Täter muß das Bildchen mit Gewalt von der Wand, an der es befestigt war, entfernt haben, als der Aufsichtsdienst gerade in einem anderen Raum war. Wie er allerdings mit diesem Gemälde entkommen konnte, ist noch nicht geklärt und wird Sache der polizeilichen Ermittlungen sein, die sofort nach Bekanntwerden eingeleitet wurden.«

Möglicherweise hatte das Kulturleben der Stadt den Täter zum Diebstahl inspiriert. Denn »erst vor wenigen Tagen hörten wir ja im Verein für die Geschichte Leipzigs von Dr. Albert Giesecke einen Vortrag, in dem von den Beziehungen des vielbeschäftigten kursächsischen Hofmalers in Wittenberg zu unserer Stadt die Rede war. Das Stadtgeschichtliche Museum bewahrt, was der Meister für Leipzigs Kirchen malte, aber nach der Reformation von da entfernt wurde. Bekannte Portraits von seiner Hand besitzt das (Bilder-) Museum am Augustusplatz, darunter das Bildnis Luthers als Junker Jörg.«

400 Jahre Reformation in Sachsen. Mit diesem »Lichtbildervortrag Dr. Gieseckes eröffnete der Geschichtsverein im Saale der Alten Börse auf dem Nachmarkt seine Reihe der Veranstaltungen des Winterhalbjahres. Anstoß zur Behandlung gerade dieses Themas gab der Umstand, daß gegenwärtig in Dresden eine große Cranach-Ausstellung läuft. Während die Beziehungen des nordfränkischen, aus Kronach stammenden Meisters zu Obersachsen bekannt sind – war er doch seit 1504 Hofmaler des Kurfürsten Friedrich von Sachsen-Wittenberg –, glaubte noch – der Stadtarchivar und Vorsitzende des Leipziger Geschichtsvereins – Gustav Wustmann die persönliche Anwesenheit Cranachs in Leipzig für nicht beweisbar erklären zu müssen.

Inzwischen sind eine ganze Reihe von Briefen, Urkunden und Quittungen an das Tageslicht getreten, aus denen hervorgeht, daß der Maler viele Jahre hindurch die drei Leipziger Kram-Märkte – die Neujahrs-, Oster- und Michaelismesse – besucht hat, weil ihm die Anwesenheit einer zahlungsfähigen Käuferschaft die Möglichkeit bot, Aufträge zu erhalten. Wir besitzen in Leipzig heute noch eine ganze Reihe von Werken seiner Hand, teils Kirchengemälde, Altarbilder und Epitaphien (gemalte Ehrengedächtnisse an Verstorbene), teils Portraits. Sie werden im Museum der bildenden Künste und im Stadtgeschichtlichen Museum aufbewahrt. Sie sind aus der Geschichte der Malerei nicht wegzudenken, wenn auch der Kunstwert verschieden ist. Kein Wunder bei dem außerordentlichen Umfang der Aufträge und der Schnelligkeit der Lieferung, die bedingten, daß die Gesellen vielfach die Vorarbeiten leisteten, und der Meister nur die letzte Hand anlegte. Die Kirchengemälde haben in der Hauptsache kulturgeschichtliche Bedeutung, unter den Bildnissen sind manche künstlerisch wertvoll, wie die des Moritz Buchner und seiner Ehefrau.« Und der Verein kündigte seine nächste Veranstaltung an: »Am 19. Oktober spricht Dr. Ebert am gleichen Ort und zu gleicher Stunde über ›Mittelalterliche Siedelarbeit‹ im Leipziger Lande.« Dr. Ebert wird den Vortrag gehalten haben, doch Stadtgespräch in Leipzig blieb die geheimnisvolle »Entführung des Moses«, denn die Täter waren äußerst dreist zu Werk gegangen.

Maler und Werk – Lucas Cranach und sein Verhältnis zur Stadt Leipzig jedenfalls gerieten aufgrund des sensationellen Raubes in den Mittelpunkt medialer Aufmerksamkeit. »Im Zusammenhang mit dem Diebstahl des wertvollen Gemäldes wird nachfolgender Aufsatz interessieren, der die innigen Beziehungen schildert, die Lucas Cranach, den volkstümlichen Maler der Reformation, mit Leipzig verbanden.

Als Lucas Cranach anno 1539 wegen einer Epidemie nach Nürnberg flüchtete, da trug der dortige Ratsschreiber in die Liste ein, dem zugereisten ›Maler von Leipzig‹ sei verstattet worden, in der Reichsstadt an der Pegnitz bei den Dominikanern Quartier zu nehmen, ›eigenen Rauch zu halten und seine Kunst zu treiben‹.

Die Bezeichnung ›Maler von Leipzig‹ traf aufs Beste zu. Von Haus aus war Cranach ein Franke; sein Geburtshaus an der Gassenecke zu Kronach am Fuße des Frankenwaldes steht heute noch zwischen dem Gedenkmal der ›Geschundenen Männer‹, denen die Schweden die Haut abzogen, und der ›jungfräulichen‹, weil nie bezwungenen Feste Rosenberg. Aber in Leipzig hatte der berühmte und vielbeschäftigte ›Konterfeier‹, der erst im vierten Jahrzehnt seines langen Lebens zur Berühmtheit gelangte, einen besonders großen Kundenkreis. Hier, in der verkehrsreichen, wohlhabenden Handelsstadt, wurden ihm zahlreiche Aufträge zuteil, und dabei hielt er sich, um alle Arbeiten bewältigen zu können, an einen Brauch, den selbst der unsterbliche Raffael angewandt hat, will sagen: Er beschäftigte eine Anzahl kunstfertiger Helfer, die Teile der Gemälde nach seiner Angabe und in seinem Sinne ausführten. Niemand fand an solcher Werkstattmanier etwas Bedenkliches.

Jahrhundertelang haben die charaktervollen Bildnisse des Herzoglichen Amtmanns Georg von Wiedebach und seiner Frau Apollonia in der großen Ratsstube zu Leipzig gehangen, das Konterfei Luthers als bärtiger Wartburgjunker Jörg erinnert an den Reiseaufenthalt des Reformators in den Drei Schwanen im Brühl, und ferner ist hinzuweisen auf die bedeutsamen Werke, die Cranach im Auftrage von Leipziger Patriziern für Epitaphien in der Nikolaikirche schuf.«

Das Bild *Der Sterbende*, »das zu der reichhaltigen Cranach-Sammlung im Bildermuseum am Augustusplatz gehört, ist eine Schöpfung, deren Gedankeninhalt über die bis dahin gültigen Darstellungen einer Sterbeszene hinaus-

reicht. Es wendet sich an die fromme Einfalt des Betrach-
ters. Dem Sterbenden ist die himmlische Glückseligkeit
durch die über ihm in Gloriole schwebende Dreifaltigkeit
verheißen; vergebens reißt ein Höllentier den Rachen auf,
um nach der entfliehenden Seele zu schnappen. Priester,
Arzt und Testamentsnotar bilden Beifiguren, ebenso wie die
gierigen Erben, die bereits in der Schatztruhe wühlen.

Merkwürdige Geschicke waren dem Gemälde *Der Sterbende* beschert, das der Kanzler des Bistums Naumburg,
Dr. Heinrich Schmidtburg herstellen ließ, um seinen 1490
verblichenen Vater, den Arzt Valentin Schmidtburg, zu eh-
ren. Jetzt gehört es zu den Kostbarkeiten der Leipziger Galerie. Zu den temperamentsvollsten Bewunderern des Gemäldes zählte Goethe, dessen Anschauungen über altdeutsche
Malereien sich gewandelt hatten. Er bezeichnete die Köpfe
als ›meisterhaft vollendet‹.

Auf die künstlerische Gesamterscheinung Cranachs ein-
zugehen, ist hier nicht der Ort, und so haben wir auch nicht
seiner *Buhlschaften*, seiner Venus- und Eva-Bilder, oder des
amüsanten *Jungbrunnens* zu gedenken. Wenn wir das Portrait des Meisters in den florentinischen Uffizien oder sein
Grabrelief zu Weimar betrachten, so fällt die Aehnlichkeit
dieses langbärtigen Charakterkopfes mit Hieronymus Lot-
ter, dem Erbauer unseres alten Rathauses (das ist eine falsche Annahme!) in die Augen, der ja ebenfalls ein Bürger-
meister gewesen ist, wie zu Wittenberg Lucas Cranach, ›der
Maler von Leipzig‹.«

Vor 1785 zierte *Der Sterbende* wie *Moses mit den Gesetzestafeln* die Nikolaikirche, wo man die Bilder wahrscheinlich
»anläßlich des Umbaus des Gotteshauses unter Bürgermeis-
ter Kriegsrat Müller und Baudirektor Dauthe nach dem Boden verbannte. Man gab der Kirche ein ›antikisches‹ Innere,
und damit konnte der Stil alter Bilder nicht in Harmonie
gebracht werden. Dem Türmer droben schienen die verach-
teten Holztafeln auf denen die Meister der Palette ihr feins-

tes Können niedergelegt hatten, gerade gut genug, um einen Taubenschlag daraus zu zimmern. Dreißig Jahre lang waren die Gemälde dem Verfall auf dem Kirchenboden preisgegeben, bis sie endlich, Anno 1815, noch zu Lebzeiten des ›Vandalen‹ Dauthe, von den kundigen Augen des Kaufherrn Quandt entdeckt und glücklich vor gänzlichem Untergang errettet wurden. Daß *Der Sterbende* während der Besuchszeit aus dem Museum gestohlen werden könnte, ist nicht zu befürchten, das Gemälde ist 92 Zentimeter hoch, also kaum zu verbergen.«

Jener Gemälderetter Gottlob Johann Quandt (*9. April 1787 in Leipzig; †19. Juni 1859 in Dresden) war ein kunstsinniger Kaufmann, der nicht nur in Leipzig die Kultur förderte. Er war u. a. Vorsitzender des Leipziger Kunstvereins und ließ noch zu des Dichters Lebzeiten auf der Schönen Höhe nahe Dresden das erste Goethe-Denkmal weihen. 1815 hatten er und andere »Kunstliebhaber unter großem öffentlichem Aufsehen eine Reihe von spätmittelalterlichen Tafelgemälden vom Dachboden der Nikolaikirche geborgen. Sie waren anlässlich verschiedener Umgestaltungen des Kircheninneren dort deponiert worden, einige vielleicht nach der Einführung der Reformation, großenteils wahrscheinlich bei der barocken Umgestaltung 1662–1680, die letzten beim klassizistischen Umbau 1785.

Die 1815 geborgenen Kunstwerke wurden zunächst in der Stadtbibliothek untergebracht, später kamen sie ins Städtische Museum (dem späteren Museum für bildende Künste). Dieses gab 1910 einige der Gemälde an das neugegründete Stadtgeschichtliche Museum ab. Man hatte 1815 jedoch nur die nach damaligen Gesichtspunkten interessantesten und größten Tafelbilder geborgen, vieles scheint liegen geblieben zu sein. Diese ›Reste‹ wurden, zusammen mit einigen Epitaphien aus der Thomaskirche, um 1870 vom Leipziger Geschichtsverein übernommen und gelangten auf diesem Weg ins Stadtgeschichtliche Museum.« Darunter auch der *Moses mit den Gesetzestafeln.*

Erklärung finden »könnte die kleine qualitätvolle Tafel als Fragment eines nicht erhaltenen Rechtfertigungsbildes in der Art nach 1529 von Cranach d. Ä. und Angehörigen seiner Werkstatt geschaffenen Tafeln in Gotha und Prag, deren Bildinhalte in zahlreichen, vor allem im mittel- und norddeutschen Raum entstandenen Repliken und Varianten nachwirkten. Erfindungen Cranachs wurden dabei nie direkt kopiert, sondern durch Umstellung variiert.

In Leipzig bezeugt das zum Epitaph Bartholomäus Helmut d. Ä. (†1554) in der Thomaskirche gehörige unter der Bezeichnung *Christi Verdienst* geführte Rechtfertigungsbild noch heute die Beliebtheit derartiger Darstellungen, und so überrascht es nicht, daß auch für die Nikolaikirche ein Werk überliefert ist, das dieses Thema zum Inhalte hatte. Es gehörte zum Epitaph des 1542 verstorbenen Doktor Heinrich Stromer von Auerbach und läßt sich durch die überlieferten Beschriftungen zumindest ansatzweise rekonstruieren. Überschrieben war die Darstellung demnach vermutlich mit den Worten *Das alte und neue Testament.* Auf der linken Seite gelangte Moses *(Moses mit dem Gesetz)* zur Darstellung. Es folgten der Sündenfall *(Der Sünder)* und die Propheten, im Zentrum der erlösungsbedürftige Mensch, die am Kreuz erhöhte Schlange *(Figur der Rechtfertigung)* und rechts schließlich das Kruzifixus *(Unsere Rechtfertigung).* Unter dieser Szene befand sich das Osterlamm mit Siegesfahne *(Unsere Unschuld),* der über Tod und Teufel triumphierende Auferstandene *(Unsere Überwindung)* in Begleitung Johannes des Täufers *(Anzeiger Christi).*

Betrachtet man vor dem Hintergrund dieser Konstellation, für die offenbar der Prager Bildtypus von *Sündenfall und Erlösung* als Vorbild maßgeblich war, noch einmal diese kleine Tafel im Besitz des Stadtgeschichtlichen Museums, so läßt sich diese nicht ohne weiteres mit dem Epitaph des Heinrich Stromer in Verbindung bringen. Fraglich bleibt, ob sie ursprünglich einmal zur Ausstattung der Nikolaikirche gehörte. Der Maßstab der Figuren spricht zweifellos für ein Werk größeren Formats. Dabei läßt sich die Abfolge der Szenen mit Moses und den Propheten, dem auf der linken Seite nur erahnbaren Knochenmann und der Erhöhung der Ehernen Schlange ebenso wie die Einbeziehung des vom rechten Bildrand angeschnittenen, auf den Zorn Gottes hin verdorrten Lebensbaums vermuten, daß es die Kenntnis der Gothaer Tafel war, von der ein Werkstattangehöriger Lucas Cranach d. Ä. profitierte.«

36 Stunden nach dem sensationellen Raub folgt die nächste Sensation! *Das 12 Uhr Blatt* in Berlin meldete bereits Montagmittag: »Cranach-Bild als Paket auf dem Leipziger Hauptbahnhof gefunden. Das am Sonnabend aus dem Leipziger Stadtgeschichtlichen Museum gestohlene Gemälde von Lucas Cranach ist gestern Abend gegen ¾9 Uhr aufgefunden worden. Es lag als Paket ohne Aufschrift in einem Korb, der zur Aufnahme abgehender kleiner Pakete und Rollen bestimmt ist. Da es keine Anschrift und keinen Absender angab, öffneten die Beamten die Sendung, um den Empfänger zu ermitteln. Zu ihrem größten Erstaunen hielten sie plötzlich das Bild in den Händen, das in den Stunden seines Verschwindens soviel Aufsehen erregt hatte. Die Kriminalpolizei wird ihren Ermittlungen nun eine andere Richtung geben müssen. Ueber das bisherige Untersuchungsergebnis ist noch nichts bekannt. Es wird jedoch angenommen, daß Fingerabdrücke einen Hinweis auf die Person des Täters ermöglichen lassen wird. Die Meldung von dem Diebstahl des kostbaren Cranach-Gemäldes ging gestern wie ein Lauffeuer durch ganz Leipzig«, ja, die ganze Welt. Auch die Nachricht von seiner Wiederentdeckung war Schlagzeilen wert.

Leipzig jedenfalls war beruhigt und froh, den *Moses mit den Gesetzestafeln* wieder im Hause zu wissen. Beschädigungen wies das Bild nicht auf. Welch Glück!

Natürlich versuchte man, aus dieser Untat politisch Kapital zu schlagen: »Der aufsehenerregende Diebstahl eines Lucas-Cranach-Bildes in Leipzig, der inzwischen, wie wir ausführlich berichteten, soweit seine Aufklärung fand, als das kostbare Gemälde von dem unbekannten Täter selbst wieder zurückgegeben wurde, erweckt die Erinnerung an andere Anschläge gegen berühmte Meisterwerke aus der Geschichte der Museen.

Solche Fälle sind gar nicht so selten in der Geschichte der Museen, und wir brauchen nur an den aufsehenerregenden Diebstahl der *Mona Lisa* aus dem Louvre im Jahre 1911 zu erinnern, der zwei Jahre lang unaufgeklärt blieb, bis eines Tages einem Kunsthändler in Florenz von einem Unbekannten das verschwundene Gemälde angeboten wurde. Selbstverständlich wurde der Mann sofort der Polizei übergeben, wo er erklärte, er hätte es als Italiener für seine Pflicht gezahlten, das Bild seines Landsmannes Leonardo da Vinci dem Vaterland zurückzugeben. Nun, Paris atmete auf, als es wieder zu seinem kostbaren Besitz kam, während der Italiener es wahrscheinlich nie begreifen konnte, warum er für seine etwas sonderbare Liebe zur Heimat ein Jahr lang bei Brot und Wasser brummen mußte.

Aber wir brauchen nicht einmal so weit zu gehen, um uns ein anderes Aufsehen erregendes ›Attentat‹ auf ein Meisterwerk ins Gedächtnis zurückzurufen. Das bekannte Selbstbildnis Albrecht Dürers, das in der Alten Pinakothek zu München hängt und Jahr für Jahr von den Besuchern aus aller Welt bestaunt wird, geriet zwar vor ein paar Jahrzehnten nicht in Diebeshände, aber das Schicksal, das ihm zustieß, war bitter genug. Dem Museumswärter war der Besucher schon längst aufgefallen, der fast Tag für Tag die Pinakothek besuchte und oft stundenlang vor dem Selbstbildnis Dürers mit den stechenden Augen stand, von denen er anscheinend nicht loskommen konnte. ›Diese Augen, diese Augen!‹ murmelte der Fremde immer wieder vor sich hin, und wenn er endlich den Saal verließ, wandte er sich mehrmals ängstlich um, als würde er von jemand verfolgt. Eines Tages aber stürzte er sich plötzlich auf das Gemälde und durchbohrte mit seinem Dolch ein Auge Dürers. Der Attentäter wurde in eine Irrenanstalt eingeliefert, das Bild selbst, so gut es ging, wieder instandgesetzt und durch eine starke Glasumrahmung vor weiteren Angriffen geschützt.

Im Jahre 1932 hatte sich in Paris ein Diplomingenieur vor Gericht wegen schwerer Sachbeschädigung zu verantworten. Er war angeklagt, das weltbekannte Gemälde von Millet *Angelus*, das ein betendes Bauernpaar auf dem Felde darstellt, mehrfach zerschnitten zu haben. ›Und warum haben Sie das getan?‹ fragte der Richter. Der Angeklagte lächelte: ›Die Welt sollte von mir hören!‹ Nun, er erreichte seinen Zweck nur in so weit, als über seinen Prozeß spaltenlang berichtet wurde, aber als er sich für einige Jahre die Gefängnistore hinter ihm schlossen, war sein Name rasch vergessen.

Aus ähnlichen Motiven heraus handelte im Jahre 1914 eine englische Frauenrechtlerin, die gegen die Verhaftung von Miss Pankhurst, der Führerin der Suffragetten dadurch protestierte, daß sie in der Londoner Nationalgalerie mit einem Beil den Rücken der *Venus mit dem Spiegel* zerfetzte. ›Die schönste Frau der Mythologie soll dafür büßen, daß man die beste Frau der Gegenwart ins Gefängnis sperrt!‹ schrie sie in sinnlosem Zorn, während sie immer wieder zur einem Schlag ausholte, bis der Museumswärter dazwischen sprang.

Und es war ebenfalls in London, wo man eines Tages im Britischen Museum die *Portlandvase*, ein Meisterwerk altgriechischer Kunst, das einen Millionenwert darstellte, in Scherben vorfand. Als Täter wurde ein Angestellter verhaftet, der mit einem Stein die kostbare Vase zerschlagen hatte. Trotz aller Bemühungen war er nicht zu bewegen, die Gründe seiner Tat bekanntzugeben, wie auch jener Mann jede Aussage verweigerte, der im Jahre 1931 im Amsterdamer Museum lange nachdenklich das Werk eines niederländischen Meisters betrachtet hatte, bis er plötzlich unter seinem Mantel ein Beil hervorzog und durch mehrere Hiebe das Bild vollständig vernichtete.

Er wies sich bei seiner Verhaftung als ein arbeitsloser Buchhalter aus, dem man selbst durch ein stundenlanges Kreuzverhör kein Wort über die Motive seiner Tat entlocken konnte. ›Plötzlicher Wutanfall‹, meinte der Gerichtsarzt, ›momentane Bewusstseinsstörung‹, begutachtete ein anderer, ›irgendein dunkler Wahn, der sich gegen berühmte Gemälde richtet!‹ glaubte ein dritter und hob die Achseln. Das Geheimnis konnte nicht gelüftet werden, aber seitdem pflegen alle Museen der Welt ihre Kunstschätze durch ganz besondere Vorsichtsmaßnahmen zu schützen.« Der Schutz gelingt nicht immer.

Leipzig allerdings war guter Hoffnung und gab dieser guten Hoffnung Ausdruck. Zwei Monate später verlieh man der Handelsmetropole den Ehrentitel der »Reichsmessestadt«. Am 15. Oktober 1937 wurde offiziell verlautet: »Ein neuer Abschnitt in Leipzigs Geschichte hebt an. Die weltberühmte Stadt an der Pleiße hat wieder ein Oberhaupt. Unser bisheriger Kreishauptmann und Kreisleiter, Adolf Hitlers alter Kämpfer Walter Dönicke, wurde zu ihrem Oberbürgermeister ernannt und in Vertretung des Reichsstatthalters vom sächsischen Innenminister in Anwesenheit des sächsischen Wirtschaftsministers in das neue verantwortungsvolle Amt eingewiesen. Hier mit einem langen curriculum vitae des ›neuen Mannes‹ aufzuwarten, erübrigt sich, denn ›neu‹ heißt in diesem Falle nicht etwa ›unbekannt‹, sondern das ganze Gegenteil! Mit dieser Ernennung Dönickes, der sich ganz aus eigener Kraft emporarbeitete, findet der Kampf des

Nationalsozialismus um das einst ach so rote Leipzig seine Krönung. Die ganze Stadt grüßt freudig ihren neuen Ober-bürgermeister und gelobt ihm treue Gefolgschaft bei allem seinem Streben zum Wohle Leipzigs. Das gleiche Gelöbnis legt sie auch an dem Manne ab, der Dönickes Nachfolger in der Leitung der Kreishauptmannschaft wurde und ebenfalls hier kein Unbekannter mehr ist, denn schon einmal hatte er den Posten des Kreishauptmannes inne, dem bisherigen Ministerialdirektor im Ministerium des Innern, Dr. Kurt Ludwig von Burgsdorff.

Just zu der Zeit, da Walter Dönicke die Zügel der Stadt-verwaltung in die Hand nimmt, läßt sich als gutes Omen eine rege Betriebsamkeit im kulturellen Leben Leipzigs feststellen. In unseren Mauern versammelten sich Sach-sens Obstbauernvereine zu ihrer Tagung, mit der man eine verblüffend reichhaltige Obstausstellung und eine Reihe von interessanten Sonderschauen verbunden hatte. Zum gleichen Zeitpunkt begingen das Museum der bildenden Künste und der Leipziger Kunstverein mit einem erheben-den Festakt im Neuen Rathaus die Feier ihres hundertjäh-rigen Bestehens. Das war zugleich Auftakt und Eröffnung der Gaukulturwoche. Bei dieser Gelegenheit sei in die Erin-nerung zurückgerufen, daß der Gedanke der Kulturwoche in unserem Leipzig seine Wiege hatte. Schon von 1933 an veranstaltet unsere Stadt solche Kulturwochen, und die gro-ßen Erfolge dieser Leipziger Einrichtung ließen schließlich den Entschluß reifen, im ganzen Gau dem Leipziger Vorbild zu folgen. Aus der Fülle der heurigen kulturellen Veranstal-tungen in unserer Stadt sei auf die von der Stadtbibliothek im Zusammenhang mit der erwähnten Hundertjahrfeier er-öffnete Ausstellung ›Alte Kunst- und Raritätenkammern in Leipzig‹ hingewiesen, die die Sehenswürdigkeiten des Stadt-geschichtlichen Museums recht glücklich ergänzt.

Diesem letztgenannten Institut hatte neulich ein Böse-wicht eine besondere Rarität frevlich entführt. Objekt dieser ruchlosen Tat war ein wertvolles Oelbild von der Hand Lucas Cranach des Aelteren, des vielbeschäftigten kursächsischen Hofmalers zu Wittenberg, den enge Beziehungen mit Leipzig verknüpften. Auf dem besagten Gemälde hat der Meister der Reformationsmalerei Moses mit den Gesetzestafeln dargestellt. Diese unfreiwillige Exkursion des in Oel gemalten Alten war freilich nicht von langer Dauer. Man fand das Kunstwerk noch am Abend des Entführungstages in einem fein säuberlich zurechtgemachten Päckchen ohne Anschrift in einem Postamt des Hauptbahnhofes wieder. Glück im Unglück. Wenig erfreulich an dieser Geschichte mit gutem Ende ist und bleibt aber, daß es noch Volksgenossen gibt, die den Unterschied zwischen mein und dein nicht kennen, und daß man in diesem Falle den Missetäter noch nicht am Hammelbein hat.«

Keinem wurden je für diesen Raub die Hammelbeine langgezogen. »Die Entführung des Moses«, sie blieb ungeklärt.

7. Juli 1976: Frau Helenes Einkaufstasche

Stets findet Überraschung statt.
Da, wo man's nicht erwartet hat.

Wilhelm Busch

»Ein Museumsbesuch ist eine sinnliche Begegnung mit der Vergangenheit. Und es hat schon seinen besonderen Reiz, zum Beispiel im Museum für Geschichte der Stadt Leipzig vor dem Dirigentenpult zu stehen, an dem Genies wie Mozart, Mendelssohn Bartholdy, Richard Strauss und Edvard Grieg das Gewandhausorchester dirigiert haben, kunstvoll ziselierte Innungspokale und geschnitzte Zunftladen zu betrachten, eine Urkunde zur Eröffnung der ersten Messe oder eine holzschnittbebilderte Schrift über die Gerichtsbarkeit vor vierhundert Jahren zu entziffern, Handschriften, Maueranschläge und alte Theaterplakate ... Begegnungen mit einmaligen Kunstzeugnissen.«

Das Museum hatte eine neue Schau konzipiert und zeigte seit 1971 »Leipzig gestern – heute – morgen«. Ein Hingucker. Die Besucherzahlen stiegen. Das Museum arbeitete auf dem wissenschaftlich neusten Stand. Am 5. September 1975, waren die neuen Leitlinien der Museumsarbeit besprochen und unterzeichnet worden. Sie hatten Zustimmung bei allen sozialistischen Leitungs- und Parteigremien gefunden, galten als Maßstab für andere Kultureinrichtungen.

Der Leipziger Museumsdirektor und sein Ausstellerkollektiv waren sehr stolz und durften stolz auch sein. Denn ihre neue »Sammlungskonzeption bildet mit der politisch-wissenschaftlichen Grundkonzeption des Museums und dem Plan der wissenschaftlichen Arbeit und Kader eine Einheit. In Anwendung einer Definition von Karl Marx sind die historischen Sachzeugen Gradmesser und Anzeiger ökonomischer, politischer, sozialer und kultureller Entwicklung in einer bestimmten Zeit. Sie sind Quellen historischer Forschung und Erkenntnis und ihre Bedeutung liegt in ihrer Originalität. Die Arbeit mit den Sammlungen ist eine der Grundfunktionen des Museums und ist Voraussetzung für seine Forschungs-, Kultur- und Bildungsarbeit.

Grundsatz der Sammlungstätigkeit in den Geschichtsmuseen ist das Herangehen an Probleme der Geschichte im Gegensatz zu reinen Spezialmuseen, d. h. Sachzeugen in allen Abteilungen zu sammeln, die die Gesetzmäßigkeiten der gesellschaftlichen Entwicklung belegen, unter besonderer Berücksichtigung des Standes der Produktivkräfte und der Produktionsverhältnisse, die die Klassen und den Klassenkampf darstellen und die historische Rolle der Arbeiterklasse sowie die kulturellen und wissenschaftlichen Leistungen in den einzelnen Geschichtsepochen belegen. Sie müssen das Typische, aber auch das Einmalige und Besondere repräsentieren.« Eine Herausforderung, der man sich zu stellen gewillt war.

Wo gesammelt wird, gilt es, für den Schutz des Sammlungsguts zu sorgen. Auch zu Sicherheitsaspekten nahm das erarbeitete Grundsatzpapier Stellung:

»Alles Sammlungsgut muß grundsätzlich unter Verschluß sein. Zugang zu den Sammlungen haben der dafür verantwortliche Mitarbeiter und die Abteilungsleiter, der HA-Leiter S. u. S. (Sammlungen und Sicherheit) und generell der Hauptdirektor.

Ähnlich dem Sammlungsgut müssen auch die Exponatunterlagen wie Rapportbücher und Karteikarten gesichert, aber zugänglich für die verantwortlichen Mitarbeiter aufbewahrt werden.

Jedem Mitarbeiter obliegt eine Schweigepflicht über die Sammlungen des Museums für Geschichte der Stadt Leipzig gegenüber Fremden.

In der zu erarbeitenden Schlüsselordnung muß den Sammlungsschlüssel besondere Beachtung geschenkt werden. Zugang zum Schlüsselkasten haben nur der Hauptdirektor und sein 1. Stellvertreter, der HA-Ltr. S. u. S. und der für die jeweilige Sammlung verantwortliche Mitarbeiter.

Jede Schlüsselentnahme muß im Schlüsselbuch vermerkt werden. Alle anderen Mitarbeiter dürfen nur nach vorheriger Absprache mit den obengenannten Personen und im Beisein des Sammlungsverantwortlichen die Sammlungsschlüssel entnehmen.

Für die Magazinräume der Sammlungen sowie für die Arbeitsräume der Mitarbeiter der HA S. u. S. muß eine Versiegelung vorgenommen werden. Dadurch wird das Betreten durch Unbefugte weitestgehend eingeschränkt.

Eine Siegelordnung ist zu erarbeiten und ein Siegelbuch anzulegen.«

So stand es in Konzeption, Dienstanweisungen und Ablaufplänen. Bislang war auch nichts passiert, was an den getroffenen Sicherheitsvorkehrungen zweifeln ließ.

Aus all diesen Gründen und der gestiegenen gesellschaftlichen Verantwortung stellte die Museumsleitung am 12. März 1976 selbstbewusst einen Antrag auf Anerkennung und Würdigung der geleisteten Arbeit durch die kommunale Politik. Sie schlug »vor, daß die Einrichtung des Museums für Geschichte der Stadt Leipzig, Bereich Altes Rathaus–Alte Börse, mit dem Titel ›Vorbildliche Einrichtung der Stadt Leipzig‹ ausgezeichnet wird.«

Dass man den Ehrentitel wohl verdiente, wusste man nur zu gut zu begründen und untermauerte das mit Daten und mit Fakten: »Das Kollektiv der obengenannten Einrichtung hat über mehrere Jahre hinweg die gestellten Planaufgaben vorbildlich erfüllt. Dieser Sachverhalt widerspiegelt sich vor allem in der weiter gewachsenen Anziehungskraft des Museums und der angeschlossenen Einrichtungen sowie in der vielseitigen Öffentlichkeitsarbeit. Die Besucherzahlen erreichten 1975 erstmals die Dreiviertelmillionengrenze (747.873), demgegenüber es 1974 687.706 Besucher waren. Neben der Arbeit mit der ständigen Ausstellung ›Leipzig gestern-heute-morgen‹ gehörten 6 im Alten Rathaus und 2 in Krakow gezeigte Sonderausstellungen zu den Schwerpunkten unseres Arbeitsprogramms. Für 3 weitere Sonderausstellungen, namentlich für die Wilhelm-Pieck-Ausstellung der SED-Bezirksleitung Leipzig, gab das Museum Unterstützung.

Die gewachsene Funktion unserer Einrichtung als Kulturstätte erreichte mit dem III. Internationalen Bachfest ihren Höhepunkt. Im gegebenen Zeitraum wuchs das Kollektiv der Einrichtung mit den gestellten Aufgaben. Dabei bildete das zentrale Wettbewerbsprogramm für die Verteidigung des Titels ›Kollektiv der sozialistischen Arbeit‹ die Grundlage vielfältiger Initiativen. Zahlreiche Aktivitäten wurden ausgelöst durch die Wettbewerbsinitiative zur Vorbereitung des IX. Parteitags der SED. Um den Staatstitel ›Kollektiv der sozialistischen Arbeit‹ zum dritten Male zu erringen, orientieren wir gegenwärtig unsere Arbeit auf eine erfolgreiche Titelverteidigung.

Die gewachsene kulturelle Funktion sowie die gestiegenen Besucherzahlen brachten erhöhte Anforderungen im Bereich Ordnung und Sicherheit mit sich. Zur einheitlichen Durchsetzung der Aufgabenstellung sind die grundlegenden Dokumente für diesen Arbeitsbereich im Alten Rathaus überarbeitet bzw. neu geschaffen worden. Außerdem trugen Maßnahmen wie Einbau von Sicherungsanlagen, Entrümplungsaktionen im Rahmen der volkswirtschaftlichen Masseninitiative, Rekonstruktionen von Räumen, Kategorisierung und Restaurierung von Kunstwerken und anderem mehr zur erhöhten Ordnung und Sicherheit bei.

Verschiedene kollektive Arbeitsformen wurden genutzt, um allen Mitarbeitern die Aufgabenstellungen zu erläutern und das persönliche Verantwortungsbewußtsein zu stärken.

1974/75 wurden wesentliche Materialien zur kulturpropa-
gandistischen und pädagogisch-methodischen Arbeit geschaffen. Damit entstanden die Voraussetzungen für eine
breite Massenwirksamkeit des Museums und differenzier-
bare Besucherbetreuung. Dazu gehören u. a. die erstmalige
Herausgabe eines *Jahrbuches zur Geschichte der Stadt Leipzig*, eines Ausstellungsführers, Abschnitt 1945–1961, für die
ständige Ausstellung, einer Anleitung für Jugendstundelei-
ter zur Durchführung von Jugendstunden, Faltblätter und
Plakate.

Die Besucherbetreuung wurde entsprechend der jeweili-
gen Zielstellung für Schulklassen, Pioniergruppen, Arbeits-
kollektive, ausländische Touristen, Teilnehmer am Partei-
lehrjahr, der Schule der sozialistischen Arbeit usw. gestaltet.
Die räumlichen Gegebenheiten des Alten Rathauses und
der Alten Börse wurden auch weitgehend für die Verwirklichung kulturpolitischer Aufgaben der Stadt Leipzig genutzt.
Die Zahl kultureller Sonderveranstaltungen erhöhte sich
1975 auf 684 gegenüber 590 im Jahre 1974.

Die vorstehende Begründung ist uns Anlaß, den Antrag
auf die Verleihung des Titels ›Vorbildliche Einrichtung der
Stadt Leipzig‹ zu stellen.« Unterzeichnet wurde das Schreiben von Parteileitung, Hauptdirektor und der Betriebsge-
werkschaftsleitung (BGL).

In dieser »vorbildlichen Einrichtung der Stadt Leipzig« arbeitete Frau Helene Borrak als Museumsassistentin. Vielleicht war ihr Selbstbewusstsein nicht besonders ausgeprägt.
Vielleicht fühlte sie sich im Vergleich zur Chefin nicht in
ihren Fähigkeiten anerkannt. Sie war »eine ruhige, zurück-
haltende und bescheiden wirkende Frau, die in ihrem bisherigen, 52jährigen Leben als gelernte Antiquarin immer mit
Büchern zu tun hatte, in Buchhandlungen, Bibliotheken und
Volksbüchereien. Wer konnte besser als sie geeignet sein, die
45.000 alten Bände in der Museumsbibliothek zu verwalten,

zusammen mit einer etwas jüngeren Kollegin? Verwalten ist ein schwaches Wort für die Mühe und die Sorgfalt, die diese Arbeit erfordert: Sichten, Ordnen, Katalogisieren der Bestände, Ergänzen und Erneuern der Karteikarten, daneben Korrespondieren mit Institutionen und privaten Interessenten, Begutachten von Sammlungen, die dem Museum angeboten werden. Eine Arbeit, die viel Vertrauen voraussetzt und großen Fleiß verlangt. ›Bücher haben viel Angenehmes für die, welche die richtigen aussuchen können‹, schrieb der französische Moralist Montaigne. Ein Satz der voll auf Frau Helene zutraf, könnte man vermuten. So glaubten denn auch die anderen Museumsmitarbeiter ihren Ohren nicht zu trauen, als sie erfuhren, daß sich diese vertrauenerweckende Kollegin seit Jahren an den Archivbeständen des Museums bereichert hatte. Der Satz Montaignes erhält plötzlich einen doppelbödigen Sinn.«

Denn jene Frau Helene Borrak, »geb. am 07.11.1924, wh. 7127 Taucha, Walther-Rathenau-Straße 6, wurde am 07.07.1976 durch die Abteilung Zollfahndung der Bezirksverwaltung Leipzig gemäß § 125 Abs. 2 der StPO der DDR vorläufig festgenommen und in die Untersuchungshaftanstalt Leipzig eingeliefert«.

Der Zollverwaltung obliegt die Aufgabe, im gesetzlich vorgegebenen Rahmen Zoll- und Steuerabgaben zu erheben sowie den grenzüberschreitenden Warenverkehr zu überwachen. Den Zöllnern waren Postsendungen aufgefallen, die keine Geschenksendungen enthielten, sondern Kunst und Werte, deren Ausfuhr aus der DDR streng verboten war. Ein Absender war nicht ersichtlich. Die Recherchen ergaben bald einen Verdacht.

Der Name einer Museumsmitarbeiterin stand auch in Verkäuferlisten von Antiquariaten und Auktionen. Helene Borrak bot Kunstschätze feil, die in solcher Fülle nicht aus ihrem Privatbesitz stammen konnten.

Die Zollbehörde ermittelte und erließ gegen sie den Haftbefehl. Denn nachgewiesenermaßen »mißbrauchte die Beschuldigte seit mindestens 1972 ihre Funktion als Museumsassistentin im Museum für Geschichte der Stadt Leipzig, indem sie wiederholt in großer Intensität handelnd aus den Beständen des Museums wertvolle antiquarische Schriftstücke, Stiche und Münzen entwendete. Teilweise versandte sie diese entwendeten Dokumente entgegen den gesetzlichen Bestimmungen, auf dem Postwege an einen BRD-Bürger nach der BRD. Als Gegenwert erhielt sie aus der BRD, unter Ausnutzung des Geschenkpakete- und Päckchenverkehrs, wertvolle Waren wie z. B. Nahrungs- und Genußmittel und Goldschmuckwaren.« Für die erbetenen »Westklamotten« hatte der Herr aus Lüneburg Frau Helene extra einen Versandkatalog geschickt, »mit Hilfe dessen sie ihre Wünsche hinsichtlich der ihr zu übersendenden Waren konkretisieren« konnte. »In mindestens 6 Fällen forderte sie ihre Tochter auf, diese antiquarischen Bücher zu verkaufen, um selbst nicht als Verkäufer in Erscheinung zu treten.

Der Gesamtschaden, den die Beschuldigte mit ihren strafbaren Handlungen verursachte, beträgt laut vorliegendem Gutachten zum gegenwärtigen Zeitpunkt insgesamt ca. 44.000 Mark«, so schätzte der Zollobersekretär in seinen Abschlussbericht die Lage ein und löste damit die polizeilichen Ermittlungen erst aus.

Am Ende der Ermittlungen stand fest, der Schaden war weit höher als geschätzt: »Rund einhundertmal griff die diebische Museumsassistentin in den wertvollen Fundus des Stadtgeschichtlichen Museums. Ein Teil der ›Diebesbeute‹ – rund 270.000 Mark an materiellem Wert, von dem sich inzwischen 220.000 Mark wieder im Museum befinden – verschwand in die BRD. Ein schmutziges ›Geschäft‹, das auch gegen die Zoll- und Devisenbestimmungen unseres Landes verstieß. Doch nicht nur ins Ausland verschob die Hauptangeklagte antiquarische Bücher.

Geschädigt wurden u. a. das Zentralantiquariat, der Staatliche Kunsthandel, Buchhandlungen, einzelne Personen. Die Assistentin stahl, was sie konnte. Nun gut, eine gewisse, oft bedingte Unordnung bei der Menge der Museums-Exponate kam ihr entgegen – es gab ein altes, vor 1945 entstandenes und ein neues, modernisiertes Register. Einiges war gar nicht erfaßt: vieles ›lag herum‹, weil oft die Zeit fehlte, ausgeliehene, unsortierte, neue Exponate sofort wieder ›aufzuarbeiten‹. Skrupellos nutzte sie das aus. Dubletten, also doppelte oder mehrfach vorhandene Stücke, waren gesuchte Objekte von ihr. Das fiel nicht so auf. Aber – ob Dublette oder nicht – wenn sich die Chance ergab, damit ›Geld zu machen‹, nahm sie, was sie gerade ›fand‹.« Die Tatsache, »daß die Straftaten nicht bemerkt wurden und daß für Antiquarisches erhebliche Preise gezahlt wurden, veranlaßten die Beschuldigte ständig weitere Straftaten zu begehen. In der Absicht, sich gegenwärtig einen finanziellen Vorteil und für die späteren Jahre eine finanzielle Reserve zu schaffen, entwendete sie erhebliche Werte und versteckte sie zu Hause in ihrer Wohnung oder verkaufte sie an das Zentralantiquariat oder Privatpersonen weiter.«

An die »Buchbestände im Museum kam sie leicht heran. Hier war ja ihr Arbeitsgebiet (ihre Kolleginnen bescheinigten ihr übrigens Fleiß und Einsatzbereitschaft ...). Die Autographen lagen in verschlossenen Rollschränken – allerdings ebenfalls im Buchkeller, so daß das für sie ebenfalls keinerlei Schwierigkeiten bedeutete. Karten, Pläne, Bilder nahm sie, wenn es der Zufall so einrichtete, von den entsprechenden Stapeln. Münzen steckte sie sich ein, als die Sammlung des Museums in einem Sondereinsatz in Listen neu erfaßt werden mußte. Gleiches geschah mit den Orden und Ehrenzeichen. Und auch von alten Zinntellern aus dem Volkskunstzimmer konnte sie ihre ›langen Finger‹ nicht zurückhalten. Sie hatte sich freiwillig – und ›einsatzbereit‹ – zu einer Sonderschicht ›Saubermachen‹ bereiterklärt.

Ihre Wohnung, ihr Keller wurden zum Lager. Natürlich ein unsachgemäßes Lager. Gerade die Bilder wurden beschädigt. Sie kannte auch keine Skrupel, die Bibliotheks-Stempel mit verschiedensten Mitteln aus den antiquarischen Büchern zu entfernen, die entsprechenden Seiten wurden herausgerissen, Siegel fielen der Schere zum Opfer. Und immer wieder kam von ihr der Satz: ›Ich wußte nicht, wieviel das alles wert ist.‹ Um es pauschal zu sagen – Autographen, also Handschriften von Richard Strauss, Friedrich Hebbel, Felix Mendelssohn Bartholdy, Johann Sebastian Bach sowie Aquarelle und Ölgemälde von Oeser und Opitz sind auch nicht so einfach in Mark zu bewerten, sie sind unersetzlich.«

Der Gerichtsbericht greift »aus der Fülle des Materials noch einiges heraus: 34 gestohlene Münzen schickte sie frech auf eine Auktion, desgleichen 808 (!) historische Maueranschläge und Verordnungen. Zum Glück konnten staatliche Organe rechtzeitig eingreifen. Fleißig las die Diebin Annoncen in Tageszeitungen, um Sammlern ›ihre‹ Exponate anbieten zu können. Auch ihre Tochter war angeklagt, die Mutter vergab mehrmals Aufgaben des ›Verkaufens‹ an sie. Die Tochter machte es, ohne angeblich so recht zu wissen, wie die Eigentumsverhältnisse wirklich lagen. Hehlerei, eindeutig.« Frau Helene und ihre Tochter – Verbrecherinnen.

Um den Schaden zu beziffern, musste das Stadtgeschichtliche Museum zur Inventur der Magazine schreiten, all jene Räume kontrollieren, zu denen Frau Helene Zugang hatte. Dass die Diebstähle so lange unbemerkt blieben, musste Ursachen haben. Denn, so behauptete Frau Helene, sie habe nur Dubletten aus dem Bestand genommen. Der »Zustandsbericht über Sammlungsbestände und Magazinräume« offenbart unerwartete Missstände und gravierende strukturelle Schwierigkeiten im sozialistischen Kulturbetrieb. Sie hatten Frau Helenes Diebstähle überhaupt erst möglich gemacht. Der Bericht fiel der Museumsleitung nicht leicht, weist er doch auf schlampige Buchführung und eigenes Kontrollversagen hin:

»Das Museum verfügt über ca. 50 Spezialsammlungen (teilweise mit über 25.000 Stück pro Sammlung).

Die Masse der Sammlungsbestände konnte seit Kriegsende nicht überprüft werden.

Es ist uns keine schriftliche Festlegung über Auslagerungen und deren Verluste im Krieg sowie Kriegsverluste durch Teilzerstörung des Rathauses bekannt.

Mit der Verlagerung der Bestände des Museums für Geschichte der Leipziger Arbeiterbewegung nach dem Alten Rathaus 1960 und der Zusammenlegung der beiden Museen wurden die Magazinräume im Rathaus überfüllt (Zusammenlegung ohne zusätzliche Räume).

Mit dem Aufbau der Ausstellung in der 2. Etage ›Leipzig gestern–heute–morgen‹ ab 1972 mußten alle bisher dort ausgestellten Bestände in die Magazine verlagert werden; damit konnte eine ordnungsgemäße Magazinierung nicht mehr erfolgen, da die Räume nicht ausreichten.

Durch das zahlenmäßige Anwachsen der Mitarbeiter wurden Ausstellungs- und Magazinräume zu Arbeitsräumen. Teilweise mußten die dort gelagerten Bestände in den überfüllten Magazinen untergebracht werden, es kam zu zahlreichen größeren Verlagerungen, die eine Übersichtlichkeit nicht mehr garantieren.

Mit der neugegründeten Abteilung ab 1945 ist eine umfangreiche Sammlungstätigkeit verbunden, für deren neue Bestände auch kein zusätzlicher Magazinraum vorhanden ist.

Im Zeitraum 1970–1974 mußten wir noch zwei Magazinräume von außerhalb räumen (Dimitroff-Museum); ein neugewonnener dritter Magazinraum im Zentralmessepalast muß bis September 1976 geräumt werden.

75% der Bestände können nicht überprüft werden, da außer Personalmangel keine Raumkapazität vorhanden ist. In den überfüllten Magazinen geht es nicht, die Arbeitsräume der Mitarbeiter sind dafür viel zu klein.

Zum Erarbeiten von Sonderausstellungen, die mit Materialsichtungen verbunden waren, mußten schon Ausstellungsräume geschlossen werden.

Die Forderung nach Magazinräumen beim Rat der Stadt liegt vor, schon seit Beginn der 60er Jahre, unter Stadtrat Prokop. Zusicherung von Räumen in dem heutigen Zekiwa – zerschlagen, Diskussionen um Barthels-Hof, Alte Nikolaischule, Untergrundmessehaus und seit den 70er Jahren Frege-Haus.

Bis 1974 waren alle Mitarbeiter der Abteilung Sammlungen für den Aufbau der 2. Etage eingesetzt.«

Die Durchsicht der Bestände werde Monate dauern. Das tat sie auch.

Die Ermittler stellten fest: »Die Handlungen der Beschuldigten wurden begünstigt dadurch, daß keinerlei Taschenkontrollen durch die Museumsleitung angeordnet wurden. Die Beschuldigte nutzte ihre Vertrauensstellung insbesondere auch dabei aus, wenn sie Spätdienst hatte und sich ganz allein in der Bibliothek unkontrolliert aufhielt und ungehemmt ihr Diebesgut aus dem Museum bringen konnte. Die Handlungen blieben deshalb unbemerkt, da die Beschuldigte wußte, daß ein Teil des von ihr entwendeten Gutes nicht registriert bezw. katalogisiert war. Bestand eine Registrierung, entwendete sie teilweise die Registrierunterlagen (Karteikarten) mit und vernichtete sie. Sie wußte außerdem, daß der Schwerpunkt der gesamten Museumsarbeit auf dem Gebiet der neueren Geschichte lag und mit dem Material der älteren Geschichte nicht so intensiv gearbeitet werden konnte, so daß ein Fehlen bestimmter Gegenstände unbemerkt blieb. Außerdem besteht ein erheblicher Platzmangel in den Museumsräumen und der Bibliothek. Das brachte mit sich, daß bestimmte Materialien aus anderen Teilen des

Museums längere Zeit unkontrolliert abgestellt wurden, was die Beschuldigte ebenfalls zur Begehung ihrer Straftaten ausnutzte.«

Der »Bericht über die Revision der Bibliothek« stellte erst einmal, fast entschuldigend, fest: »Mit Weisung des amtierenden Leiters der Abteilung Kultur des Rates des Bezirkes, Genossen J. Geldner, vom 8. Juli 1976 erfolgte vom 12. Juli bis 25. August 1976 eine Revision der Bibliothek des Museums. Es wurde die Aufgabe gestellt, alle Bibliotheksbestände (ca. 43.000 Bücher bzw. 24.000 Titel) auf ihre Vollständigkeit hin zu überprüfen. Um den Umfang und die Schwierigkeit dieser Aufgabe zu umreißen, ist ein Rückblick auf die Bibliotheksgeschichte notwendig:

Die Bibliothek geht in ihren Anfängen auf das Jahr 1867 zurück. Damals übernahm der Verein für die Geschichte Leipzigs die kostbare Büchersammlung des Maximilian Poppe. Danach wurde die Bibliothek ehrenamtlich zunächst vom Verein für die Geschichte Leipzigs, ab 1909 vom Stadtgeschichtlichen Museum betreut bis zum Jahre 1953, wo erstmalig eine Planstelle für die Bibliothek geschaffen wurde. Die Erschließung der wertvollen Bestände war bis 1953 laienhaft und nach persönlichem Interesse der Betreuer erfolgt; es gab also kein einheitliches Aufnahme- bzw. Ordnungsprinzip der oft komplizierten Büchertitel. 1953 wurde mit der Neuaufnahme der Bestände begonnen und ein einheitlicher alphabetischer und systematischer Katalog angelegt. Ca. 75% der Büchertitel konnten bis Juli 1976 neu aufgenommen werden.

Diese vielschichtige Struktur der Bibliothek (es gibt 69 einzelne Gruppen) erschwerte die Revision sehr. Dazu kommt, daß vor 1953 neue Bibliotheksgruppen je nach Bedarf gebildet wurden, indem man Bücher einer bestimmten Thematik zusammenstellte und neu signierte, in deren Büchern man häufig neben den neuen, gültigen, Signaturen die alten, ungültigen, vorfindet. Die alte, freigewordene Nummer ist nun entweder neu besetzt worden oder noch heute offen.

Als Grundlage der Revision dienten vor allem die alten Listenkataloge und die alten Kreuzkataloge, die wir zu Standortkatalogen umfunktionieren mußten. Da aus den neuen Katalogen die Karteikarten mit den Büchern zusammen entwendet worden waren, erwies sich ein Zurückgreifen auf diese alten Kataloge als notwendig. Die Durchsicht der Bestände ergab nun, daß kostbare ältere und neuere Bücher fehlen. Die genaue Anzahl kann allerdings nicht angegeben werden. Aus Verweisen und Zugangsbüchern u. a. konnten allerdings auch einige dieser Schriften noch ermittelt werden. Es muß berücksichtigt werden, daß nicht alle Verluste auf die Veruntreuungen der letzten Jahre zurückzuführen sind, da auch Kriegsverluste u. a. nicht immer vermerkt wurden.«

Das offizielle Protokoll des Museumshauptdirektors Dr. Missbach entschuldigt nicht, verdeutlicht aber die Situation und formuliert die Konsequenzen: »Während die Bibliotheksbestände restlos überprüft wurden, konnten von der Autographensammlung der Bibliothek nur die Gruppen Musik und Literatur genau geprüft werden, andere nur teilweise. Die Restarbeiten sind hier nur über einen längeren Zeitraum abzuschließen. Wie aus dem Revisionsbericht der Leiterin der Bibliothek hervorgeht, sind die festgestellten Verluste nicht allein auf den Diebstahl zurückzuführen (die zum Teil sichergestellt werden konnten), sondern auch in bestimmten Maße Kriegsverluste einschließlich Eingriffen unmittelbar nach Kriegsende bis 1953 (Schaffung einer hauptamtlichen Planstelle in der Bibliothek).

Aus der Reihe der getroffenen Maßnahmen zur Sicherung der Bibliotheksbestände möchte ich besonders hervorheben:

- Bereitstellung einer VbE (Vollbeschäftigteneinheit, Vollzeitstelle) Bibliothekarin durch den Rat der Stadt, Abt. Kultur (für die Besetzung der Panstelle wird z. Z. eine geeignete Person überprüft)

- Einführung der Versiegelung der Bibliotheksmagazinräume
- Neuregelung der Bibliotheksbenutzung
- Kennzeichnung aller bisher nur summarisch erfaßter Teilsammlungen (Verordnungen, Anschläge u. a.)

Im Zusammenhang mit der zu einem späteren Zeitpunkt geplanten Verlagerung der Bibliothek in das Hofgebäude des Frege-Hauses oder an einen anderen geeigneten Ort im marktnahen Raum sind generell bessere Bedingungen zu schaffen (Bibliothekstechnik, Sicherheit u. a.).« Doch noch existierten die Missstände fort.

Zu den vermissten Büchern zählten Einmaligkeiten, aber auch Unterhaltungsliteratur, die im Buchhandel erhältlich gewesen wäre:

- Biblia, Wittenberg 1610
- Der löblichen Universität Leipzig verneuerte Gerichtsordnung, 1551–1649
- Endlicher Bericht und Erklärung der Theologen beider Universitäten Leipzig und Wittenberg … belangend die Lere so gemelte Universitäten und Kirchen von anfang der Augspurgischen Confession bis auf diese Zeit geführet haben, Wittenberg 1571, Hans Lufft
- Biblia, Leipzig 1707
- Vogels Leipziger Annalen, 1714
- Nachrichten von der Eröffnung des Neuen Theaters, 1766
- W. G. Beckers Taschenbuch zum geselligen Vergnügen. Auf das Jahr 1826, Leipzig 1825
- Thomas Mann: Königliche Hohheit, Frankfurt 1958
- Petersburg in der russischen Grafik. 17. – Anf. 20. Jhd., Moskau 1973

Am 15. November 1976 erfolgte die »Stellungnahme zur bisher nicht erfolgten Revision der Münzsammlung«, denn »die umfängliche Münzsammlung des Museums wird zur Zeit von einem Mitarbeiter des Museums, der keine Ausbildung als Numismatiker hat, mitbetreut. Die Numismatiksammlung unterliegt einem besonderen Verschluß. Ein Zugang für Frau Borrak ist deshalb für den Gesamtzeitraum ihrer Tätigkeit in unserem Hause ausgeschlossen gewesen. Eine Zugriffsmöglichkeit zu den inzwischen sichergestellten Münzen und Medaillen ergab sich gelegentlich ihrer Beteiligung an der Auflistung einer ausgewählten Anzahl von Münzen in den Räumen der Bibliothek. Die darüber hinaus sichergestellten Orden und Ehrenzeichen wurden dem Museum aus Privathand übergeben, obwohl sie nicht zur Sammelspezifik des Hauses gehörten. Zwecks Vorbereitung und einer Weitergabe wurden sie u. a. von Frau Borrak in den Räumen der Bibliothek gereinigt. Die letztgenannten Gegenstände sind von sehr geringem Wert.«

Eine Gesamtrevision der Münzsammlung »ist erst im Rahmen der Ende 1977 und 1978 geplanten Gesamtrevision aller Bestände vorgesehen. Bemühungen im Juli 1976, zur Revision der Münzsammlung einen vertrauenswürdigen Fachmann zu gewinnen, blieben leider erfolglos«, bedauerte der Hauptdirektor Dr. Missbach.

Die »Stellungnahme zur Revision der Sammlungen Gemälde/Graphik, Stadtansichten« stellte fest: »Der genannte Sammlungskomplex gehört zu den umfänglichsten Beständen (ca. 32.500 Stück) unseres Museums. Diese Sammlungsbestände sind thematisch wie aufbewahrungsmäßig nur schwer voneinander zu trennen. Es ist daher zweckmäßig, die Revision im Komplex durchzuführen.« Zu den vermissten Plänen und Karten gehörten u. a.:

- Festungsplan Lipsia, 1702
- Plan oder Grundriß der Chu. Saechs. Handels-Stadt Leipzig, 1708
- Acourate geogr. Delineation des Creis Ammtes Leipzig, Nebst allen daran grentzenden Aemtern und Gegenden, 1750

- Plan der Wasserläufe bei Leipzig mit Grundriß von Leipzig, 1780
- Angriff der verbündeten Armee auf die Stadt Leipzig am 19. Ok. 1813, 1813
- Plan von Leipzig mit seinen Vorstädten (mit Fluchtlinie Napoleons v. 19.10.1813), 1814
- Plan von Leipzig. Nebst Angabe des Baujahres der bemerkenswertesten Baulichkeiten, des Jahres der Namensbezeichnung der Vorstadt-Straßen u. Wohnungen berühmter Männer, 1869

»Die festgestellten Verluste sind nicht restlos auf die Tätigkeit von Frau Borrak zurückzuführen. Wesentliche Verluste können auch auf Kriegsverlust und gewisse Tauschvorgänge in den ersten Nachkriegsjahren zurückzuführen sein.«

Die Museumsleitung suchte für sich und die missliche Lage weitere Entlastungsargumente und fand sie, denn »der zusätzliche gesellschaftliche Auftrag an das Museum durch die SED-Stadtleitung und den Rat der Stadt Leipzig, bis zum VI. Turn- und Sportfest der DDR ein Sportmuseum aufzubauen, gestattet bis zu diesem Zeitpunkt keinen konzentrierten Einsatz der Fachmitarbeiter. Mit Zustimmung des Stadtrats für Kultur wurde deshalb festgelegt, diese Revision, die das Kernstück der Gesamtrevision darstellt, unter Einbeziehung aller Kräfte bis 31.12.1978 abzuschließen.« Somit fehlte im Fall bislang der detaillierte und buchhalterisch sichere Überblick.

Auch wenn vieles wieder aus Frau Borraks Keller in den Museumsbesitz zurückkehrte, exakt hat man die Verluste nie benennen können. Und es war ein schwacher Trost, dass es noch schlimmer hätte kommen können. »Die Masse der nachgewiesenen Diebstähle bezieht sich auf Gelegenheiten, wo Frau Borrak an Auflösungen von ständigen Ausstellungen, damit verbundenen Transporten und Zwischenlagerungen beteiligt gewesen ist. Eine weitere Möglichkeit des Zugangs ergab sich bei Beaufsichtigungen von vorgelegten

Materialien für Besucher sowie bei Räumungsarbeiten innerhalb der Magazinräume. Letztlich bestand auch die Möglichkeit des Diebstahls bei Vorbereitungen zur Neugestaltung von Schaufenstern. Für den Zeitraum der Tätigkeit der Frau Haupt in unserem Museum kann auch der unbefugte Zugang zu Magazinschlüsseln nicht restlos ausgeschlossen werden.«

Die Verlustlisten der Sammlungsbereiche waren lang und schmerzten nicht nur Museumsmitarbeiter und Kulturwissenschaftler – besonders bei den Autographen. Es fehlten Handschriften von:

»Joh. S. Bach: Quittungen von 1723 und 1733 (Karteikarte fehlt!)

Joh. Brahms: 3 Briefe, deren Datum nicht genau angegeben werden kann, da die Karteikarten fehlen. Von einem der Briefe sind 4 Seiten da, die 5. ist als Foto vorhanden

Gellert   7.1.1768 an ›Madame …‹

26.8.1742 an Baron von Gronegk

28.3.1759 an Wagner

15.8.1761 an Caroline Lucius

20.1.1762 an ›Herrn Major‹

2x ohne Datum an ›Minister Exzellenz‹

Dazu noch 5 Schriftstücke der Caroline Lucius

Liszt   12.12.1873 an Zeitschriftenredaktion

8.2.1884 an Mottl

Mendelssohn   16.111837 an ›Frau …‹

5.11.1842 an Adele Schopenhauer

2.3.1843 an Unbekannt

8.5.1843 an Stadtrat Fleischer

R. Wagner   11.7.1851 an Schmidt

Um 1872 an Brückwald

31.5.1877 an Bronsart

Cosima Wagner   Visitenkarte ohne Datum an Frau Zehme

R. Strauss   1.11.1895 an Wagner-Verein«

Johannes W. galt in Fachkreisen der DDR als Spezialist für alte Bücher. Bereits vor der Inhaftnahme der Verdächtigen, am 6. Juli 1976, erstellte er ein erstes Gutachten und bezifferte die erreichbaren Verkaufserlöse. »Viel wichtiger scheint mir jedoch, daß es sich bei den gestohlenen Objekten um Nationalkulturgut handelt und einen wesentlichen Bestandteil des Museums darstellt. Es muß anhand der vorliegenden Blätter festgestellt werden, daß es sich nicht nur um Dubletten des Museums gehandelt hat, sondern daß in 6 Fällen auch Einzelstücke aus dem Originalbestand entnommen wurden. Bei einer weiteren Überprüfung konnte festgestellt werden, daß bei den Dubletten der weitaus größte Teil nur 1x vorhanden war und demzufolge das Museum im Moment nur noch über ein einziges Stück verfügt.

Durch den Diebstahl am Originalbestand ist eine Schmälerung des Gesamtwertes entstanden, der z. Zt.noch nicht konkret genannt werden kann, da erst eine umfangreiche Revision zum Bestand und Katalog genaue Auskunft geben kann. Es wäre durchaus möglich, daß sich dieser Schaden auf eine Summe möglicherweise bis zu 10.000 Mark belaufen könnte.« Der Gutachter »möchte nochmals betonen, daß die kulturelle Seite hierbei besonders beachtet werden muß, da eine Wiederbeschaffung der fehlenden Objekte in ihrer Vollständigkeit fest unmöglich ist und das Museum eine empfindliche Einbuße an kulturellen Werten erfahren hat.«

In seinem zweiten Gutachten vom 15. Juli 1976 schireb Johannes W.: »Wenn die Beschuldigte weiter aussagt, daß sie ca. 10 Sendungen mit 80 Büchern im Gesamtwert von 1.500 Mark nach der BRD auf den Weg gebracht hat, so ist diesen Angaben zu folgen, weil gegenteilige Beweise nicht angetreten werden können. Frau Borrak gibt an, auch Autographen in die BRD versandt zu haben, sie will sich an einen Brief von Hans von Bülow und einen von Richard Strauss erinnern, weitere kann sie nicht angeben, obwohl sie zugibt, noch weitere versandt zu haben. Sie gibt an, daraufhin bei ihrem Partner in der BRD ein mutmaßliches Guthaben von ca. 2.000 DM erworben zu haben.

Ein Brief von Hans von Bülow hat den Wert von ca. 300 M und einer von Richard Strauss den von ca. 200 M. Die auf der Fehlliste des Museums aufgeführten Autographen dem Diebstahle von Frau Borrak und deren Versand in die BRD anzurechnen, ist nicht beweisbar, und die von ihr angegebenen 2.000 M sollten anerkannt werden, da ein gegenteiliger Nachweis nicht geführt werden kann. Es entzieht sich außerdem meiner Prüfung, inwieweit der Empfänger in der BRD Frau Borrak reale Preise anrechnete. Quittierte er zum Einkaufspreis des Händlers, verrechnete er nach Gutdünken, da er Frau Haupt über den wahren Wert der Dinge ahnungslos glaubte, oder ist die von Frau Haupt genannte Summe als richtig anzuerkennen? Da keinerlei Anhaltspunkte für eine exakte Wertbemessung zu finden sind, müsse man auf den von Frau Borrak angegebenen Wert von 2.000 M als Schadenersatzsumme kommen.«

Die Kriminalisten gaben am 15. Juli 1976 dem Institut für gerichtliche Medizin und Kriminalistik ML-Universität Halle den Auftrag, ein »naturwissenschaftliches Gutachten über den Nachweis von Signaturbeseitigungen oder -entfernungen (Prägesiegel) aus graphischen Karten und Büchern« anzufertigen, denn zweifelsohne haben die rückgeführten Exponate sehr gelitten. »Es soll in einer gutachterlichen Äußerung zu folgenden Fragen Stellung genommen werden:

Sind an den vorliegenden Blättern und Büchern Versuche unternommen worden, vorhandene Signaturen zu beseitigen oder zu entfernen?

Wenn ja, wurden diese Signaturen chemisch oder mechanisch entfernt?«

Zu genannter Fragestellung traf das Institut nachfolgende Aussage: »Aus den beiden vorliegenden graphischen Blättern wurden durch ein kombiniertes naß-mechanisches Verfahren die Prägestempel des Stadtgeschichtlichen Museums Leipzig zu entfernen versucht. Aus den vorliegenden Büchern wurden die Prägesiegel des Stadtgeschichtlichen Museums Leipzig zum Teil durch kombinierte naß-mechanische Verfahren oder Herausschneiden total oder partiell entfernt.«

Der Untersuchungsbefund vom 5. August 1976 stellte die rigorose Behandlung der Kunstgüter durch Frau Helene Borrak fest, die in ihrer Wohnung oder im Kunsthandel sichergestellt werden konnten:

»Plan von Leipzig, Eltzner, Stahlstich 1847, Grundriß der Stadt mit einer Reihe von Ansichten. Der Stadtplan mit einer Breite von 46 cm und einer Höhe von 43 cm weist an seinen Rändern zahlreiche Einrisse auf. Auf seiner Bildseite ist 21,5 cm vom linken und 6,3 cm vom unteren Bildrand entfernt stereomikroskopisch der Eindruck eines Prägesiegels erkennbar. Auf der Rückseite des Planes stellt dieser sich als ein Relief mit Konturen des Prägesiegels des Stadtgeschichtlichen Museums Leipzig dar. Der untere Rand dieses Prägesiegels läßt auf der Rückseite des Planes Spuren einer mechanischen Einwirkung erkennen, deren Jodazidreaktion positiv ausfiel.

Spieltisch mit zahlreichen Personen, aquarellierte Zeichnung von G. E. Opitz, im Oval alt angerändert. Das Blatt hat eine Breite von 27,5 cm und eine Höhe von 21,3 cm und läßt in einem Abstand von 20 cm und einer Höhe von 2,5 cm einen mit blauem Farbstoff überdeckten Effekt erkennen. Im Durchlicht erscheint dieser Materialdefekt wesentlich lichtdurchlässiger als das übrige Bildmaterial, so daß sich hier auf eine Entfernung einer Signatur und deren Überdeckung mit Farbstoff schließen läßt. Auf der Bildrückseite ist ebenfalls mechanisch auf genannte Stelle eingewirkt worden, wobei hier noch die Umrisse des Prägesiegels des Stadtgeschichtlichen Museums Leipzig zur Deckung gebracht werden können.

Reinhold Christian Ludolph: Baukunst. Münster und Osnabrück, 1785. Das Titelblatt dieses Buches weist an seinem unteren Rand einen trapezförmigen Defekt auf, der durch das offensichtliche Herausschneiden der Signatur entstanden ist. Am Blattunterteil hat dieser die Abmessung von 12 mm und verjüngt sich über eine Länge von 12 mm bis zu einer oberen Ausdehnung von 9 mm. Stereomikroskopisch läßt sich feststellen, daß dieser Materialdefekt durch Heraustrennen mit einer Schere gesetzt wurde. Dieser Materialdefekt ist in seinen gleichen Abmessungen auf das Blatt 2 sowie Blatt 3 übertragbar, wobei die letztgenannten Blätter noch partielle Eindrücke des Prägesiegels des Stadtgeschichtlichen Museums Leipzig aufweisen. Die Siegeleindrücke wurden hier vermutlich nur unvollständig entfernt, da die verursachende Person in ihrer Handlungsweise davon ausging, mit der Signaturentfernung vom Titelblatt auch letztgenannte Signaturen in ihrem Gesamtumfang zu entfernen. Auf Seite 1 des Buches ist vermutlich eine weitere Signatur durch das Herausschneiden mit einer Schere entfernt worden, was gleichermaßen für die Seite 29 gilt.

Kleine Bilderschule für die Jugend. Vierte, mit neuen Kupfern verbesserte, Auflage, Leipzig, 1807. In diesem Buch ist der Prägestempel des Stadtgeschichtlichen Museums Leipzig auf der Seite 29 noch vollständig erhalten. Von den Tab. VI. bis XI. wurde er durch ein nicht mehr näher zu identifizierendes naß-mechanisches Verfahren entfernt, wobei diese Manipulationen dazu führten, daß die Seite 1 vollständig perforiert wurde. Das Blatt, welches die Seite 189 und 190 trägt, wurde völlig aus dem Buch entfernt. Das ehemals vorhandene Prägesiegel des Stadtgeschichtlichen Museums Leipzig und dessen Entfernungsversuch läßt sich stereomikroskopisch noch sehr gut anhand der Beschädigungen am unteren Rand der Tab. VI. nachweisen.

Untersuchungsergebnis:

Aus allen uns vorgelegenen antiquarischen Blättern und Büchern wurden die Prägestempel des Stadtgeschichtlichen Museums Leipzig durch ein naß-mechanisches Verfahren entfernt. Durch Befeuchten des Materials versuchte die verursachende Person das Prägesiegel aufzuweichen und durch mechanisches Bearbeiten der Materialgrundlagen (Schaben oder Kratzen) mit einem relativ stumpfen Gegenstand nachfolgend zu entfernen. Dies gelang ihr jedoch in den meisten Fällen, in denen keine direkte Perforation des Papieres verursacht wurde, nur unvollkommen. Auf dem Stadtplan konnte darüberhinaus durch den positiven Ausfall der Jodazidprobe festgestellt werden, daß dessen Rückseite mit einem Radiergummi bearbeitet wurde. Es muß angenommen werden, daß hier eine Bleistiftsignatur entfernt wurde.«

Fast wöchentlich liefen die Revisionsergebnisse der eingesetzten Kommissionen aus dem Stadtmuseum ein. Immer wieder mussten die Verlustlisten erweitert werden, auch wenn die Beschuldigte aktiv an der Aufklärung mitarbeitete. Am 1. November 1976 stellte der Gutachter Johannes W. fest, dass die in Antiquariaten in Radebeul, Karl-Marx-Stadt und bei Privatpersonen sichergestellten »Verordnungen, Mandate, Erlasse, Verfügungen, Befehle und ähnlichen zeitbedingten Druckerzeugnissen zwischen 1590 und 1849, eine Sammlung von 588 Maueranschlägen als Gesamtobjekt einen Wert von insgesamt 18.000 M repräsentieren.« Dazu muss er noch Folgendes vermerken: »Die Stücke entstammen nicht dem Dublettenbestand des Museums, sondern auch dem Originalbestand. Bei der Durchsicht der einzelnen Blätter mußte ich feststellen, daß zahlreiche Stücke Heftspuren, Falze und Nummerierungen aufwiesen, die nach Vergleich mit den Aufbewahrungsgewohnheiten des Museums aus den Sammelbänden entnommen worden sind. Ebenso sind auf einigen Blättern die Stempel des Museums auf die von Frau Borrak gewöhnlich angewendete Weise entfernt, z. Tl. so, daß größere Löcher im Papier entstanden sind. Da die Nummernfolge in den Sammelbänden des Museums nicht unbedingt fortlaufend ist, kann nur durch Einpassung der hier sichergestellten Blätter die Entnahme nachgewiesen werden. Damit wird die Behauptung, im Falle der Verordnungen etc. nur den Dublettenbestand angegriffen zu haben, ad absurdum geführt.«

Die Ermittlungsergebnisse müssen für das Gericht verwertbar sein, der Gutachter über jeden Zweifel erhaben. So bat die Kriminalpolizei den Direktor des Zentralantiquariates der DDR um Bestätigung, dass der bislang mit der Aufgabe betraute Kollege Johannes W. für die verantwortungsvolle Gutachtertätigkeit wirklich geeignet sei:

Die Antwort: »Werte Genossen! Unser Kollege Johannes W. ist Leiter des Handelsbereichs Läden und Grafik im Zentralantiquariat der DDR. Diese Tätigkeit übt er nach einer Lehre als Antiquar seit nunmehr über 20 Jahren aus und hat sich dabei zu einem anerkannten Fachmann auf dem Gebiet der Grafik und des alten Buches entwickelt. Kollege W. hat bei Prof. Jahn in Leipzig Kunstwissenschaft und Kunstgeschichte studiert (allerdings ohne den Abschluß als Diplomkunstwissenschaftler zu erlangen, dies ist für 1977 extern geplant). In zahlreichen Veröffentlichungen, u. a. in dem umfangreichen, von ihm erarbeiteten und 1975 erschienen *Ergänzendem Handbuch der Oeuvreverzeichnisse der Druckgrafik*, hat Kollege W. seine Qualifikation nachgewiesen. In zahlreichen Verfahren und bei anderen Gelegenheiten ist Kollege W. als Sachverständiger und Gutachter tätig gewesen. Da im Antiquariatsbuchhandel – im Gegensatz zum Kunsthandel – keine Schätzungen vorgenommen werden, gibt es in unserer Branche die zusätzliche Berufsbezeichnung ›Sachverständiger‹ nicht.«

So bat der Staatsanwalt die nun anerkannte Fachkraft am 28. September 1976 offiziell: »Werter Herr W.! In der Strafsache gegen die Beschuldigte Helene Borrak wegen Diebstahls sozialistischen Eigentums und Verletzung des Zollgesetzes ersuche ich Sie, die in der Durchführung dieses Verfahrens weiterhin beschlagnahmten antiquarischen Bücher, Drucke,

Autographen, Erinnerungsmedaillen u. a. nach ihrer Art zu bestimmen und deren effektiven Wert einzuschätzen. Zur eindeutigen Erkennbarkeit Ihrer Sachverständigkeit bitte ich Sie, dieses Gutachten unter Angabe Ihres Berufes bzw. Ihrer Funktion und Ihrer Qualifikation zu fertigen und darzulegen, auf welcher konkreten Grundlage Sie zu den getroffenen Einschätzungen und Bewertungen gelangt sind. Insofern macht sich auch eine Konkretisierung Ihrer Gutachten vom 6.7.1976 und 15.7.1976 notwendig. Weiterhin bitte ich Sie, neben der Feststellung des gegenwärtigen Endverkaufspreises des Materials auch dessen kulturhistorischen Wert zu beurteilen.

Es wird gebeten, das gefertigte Gutachten schriftlich in zweifacher Ausfertigung an die obige Dienststelle zu übersenden. Ich bitte Sie, die Kostenrechnung unter konkreter Angabe der gesetzlichen Grundlage in dreifacher Ausfertigung zu erstellen.«

Johannes W. unterschrieb. »Am heutigen Tage wurde durch das Untersuchungsorgan der Deutschen Volkspolizei – BDVP Leipzig, Abt. K Dez. II – der Bürger W., Johannes, als Sachverständiger gem. § 40 der Strafprozeßordnung der Deutschen Demokratischen Republik über seine Pflichten der gewissenhaften Erstattung eines Gutachtens sowie über die strafrechtlichen Folgen eines vorsätzlich falschen oder unvollständigen Gutachtens belehrt. Weiterhin wurde der Sachverständige darauf verwiesen, daß Stillschweigen über alle im Zusammenhang mit der Erstattung des Gutachtens bekanntgewordenen Umstände zu wahren ist.«

Am 17.12.1976 ging Johannes W. in seinem Gutachten auf »allgemeine kulturpolitische Aspekte« ein: »Durch die Beschlagnahmen und die freiwilligen Herausgaben kann der überwiegende Teil dem Museum zurückgegeben werden. Damit beläuft sich der kulturelle Schaden nur auf einen Teil der Bücher und Blätter der von Frau Borrak an Antiquariate verkauft wurde, welche nicht in der Lage sind, einen Nachweis über die an sie verkauften Titel zu führen. Zum anderen fallen darunter die Bücher und Blätter, die Frau Borrak in die BRD verschickt hat. Dabei werden die von Frau Borrak angegebenen Gegenleistungen als Bemessung anerkannt werden müssen, da ohne genaue Angabe von Titeln eine Bewertung im Antiquariat nicht möglich ist. Demzufolge kann auch kein Nachweis geführt werden, ob Frau Borrak bei ihren illegal ausgeführten Büchern vom Empfänger der Sendungen angemessen honoriert wurde. Demzufolge sind die von Frau Borrak angegebenen Verrechnungswerte gutachterlich nicht zu entkräften.

Die mir vorgelegten Bücher und Blätter weisen sämtlich Beschädigungen auf, die von unsachgemäßer Ablösung von der Unterlage oder bei der Ausrahmung der Blätter entstanden sind. Desgleichen sind bei der Entfernung der Stempel die Bücher und Blätter erheblich beschädigt worden, teilweise auch durch unsachgemäße Behandlung und Aufbewahrung. Damit ist ein Schaden entstanden, der in seiner vollen Höhe erst nach Übergabe des Materials an einen Restaurator exakt festgestellt werden kann. Auf jeden Fall werden erhebliche Restaurierungskosen anfallen, für die das Gericht die Beschuldigte dem Grunde nach verurteilen müßte, da es sicherlich längere Zeit dauern wird, bis in dieser Hinsicht exakte Summen genannt werden können. Mit dieser Restaurierung sind die Dinge damit natürlich nicht in ihrem ursprünglichen Zustand wiederhergestellt, sondern es tritt zudem noch eine bleibende Wertminderung ein, die sicherlich den Wert von 10% des Gesamtumfanges ausmachen wird. Auch für diese 10% der Wertminderung sollte die Beschuldigte vom Gericht zum Schadenersatz verurteilt werden.« Natürlich versicherte Johannes W. : »Das Gutachten habe ich nach bestem Wissen und Gewissen abgefaßt«.

Aber nicht nur Bücher fehlten, auch wertvolle Münzen. Zu einem »nicht mehr genau feststellbaren Zeitpunkt im Jahre 1975 war die Beschuldigte damit betraut worden, bei der Aufnahme von Münzen Listen zu schreiben. Als sie feststellte, daß keine konkrete Registratur bezw. Übersicht über den Münzbestand vorhanden war, entwendete sie an einem Tage in zwei Fällen wahllos ca. 30 verschiedene Münzen. Diese Münzen bewahrte sie zunächst in ihrer Schürzentasche auf, brachte sie in den Pausen in ihre Einkaufstasche und damit am Abend aus dem Haus. Nach vorübergehender Aufbewahrung in ihrer Wohnung brachte sie diese Münzen 1976 zur Münzauktion, wo sie durch das U-Organ beschlagnahmt werden konnten. Ähnliche Straftaten führte sie auch aus, als sie zum Polieren von Plaketten eingesetzt war.«

Das in Auftrag gegebene Münzgutachten lautete: »Die Bewertung der Münzen erfolgte entsprechend der Erhaltung der Münzen zu handelsüblichen Preisen unter Berücksichtigung von Auktionsergebnissen in der DDR, da es sich bei diesen Münzen vorwiegend um gesuchte Münzen handelt, welche kaum im Einzelhandel angeboten werden.

Sachsen Albertinische Linie, Johann Georg II., Doppelter Reichtaler 1661 auf die Grundsteinlegung der Kapelle in der Moritzburg, 12 Zeilen Schrift auf der Rückseite, äußerst selten	12.000,-
Sachsen, Doppeltaler Johann-Georg II 1663	7.500,-
Sachsen, Johann Georg I., Taler 1671	1.500,-
Sachsen, Friedrich-August, Dresdner Taler 1696	1.800,-
Sachsen, Friedrich-August, Vikariatstaler 1711	1.750,-
Sachsen, Johann-Georg, Gulden 1964	400,-
Sachsen, Friedrich-August, Gulden 1704	450,-
Dänemark VIII Mark 1675 (schlechte Erhaltung)	450,-
Hamburg, Taler (48 Schillinge) 1763	750,-
Hessen, Wilhelm I, Taler 1819	800,-
Baden, Leopold, 1 Gulden 1838	400,-
Brasilien 2000 Reis 1853	100,-
Insgesamt	30.450,-

Das Gutachten beziffert den entwendeten
Schmuck auf   6.158,75,-
Insgesamt (neu)   36.608,75,-«

Bei Frau Helene fanden sich noch einige Gegenleistungen des
interessierten Sammlers aus Lüneburg in der BRD: »In vier
Briefsendungen befanden sich 200 DM Bargeld und in weiteren vier Sendungen eine Kollierkette mit Anhänger (Wert
670 M), eine Zuchtperlenhalskette (Wert 2.850 M), vier Stück
Zahngold (insgesamt 6,45 Gramm, wert 368,75 M) und weitere 13 Gramm Gold (Wert 488 M), die sie als Abgabe zum
Ankauf bzw. Anfertigenlassen folgender Schmuckstücke ver-
wandte: 1 Ankerkette 33/000 (Wert 150 M), 1 Damenring mit
Zuchtperle und Amethysten (Wert 770 M), 1 Damenring mit
Rauchtopas (Wert 680 M). Vom übersandten Bargeld tätigte
die Angeklagte Einkäufe im Intershop; davon ist noch eine
Ankerkette 585/000 (Wert 550 M) vorhanden.«
    Einen weiteren Teil der »entwendeten Dokumente, Bücher
usw. brachte sie in mehreren Fällen in der DDR an einschlägige Ankaufsgeschäfte zum Verkauf. Insgesamt 88 Bücher,
Maueranschläge, Verordnungen, Urkunden und ähnliche
Exponate im Gesamtwert von 6.685 M, die die Angeklagte
im Zeitraum 1973/74 durch zehn Einzelhandlungen entwendet hatte, veräußerte sie alsbald danach in drei Verkäufen an
einen Buchhändler aus Radebeul, der in einer Tageszeitung
annonciert hatte. Die Angeklagte versicherte schriftlich ihr
Eigentum an den veräußerten Exponaten und erhielt vom
Erwerber, der dieselben für seinen persönlichen Bestand an-
kaufte, einen Gesamtbetrag von 2.175 M auf ihr Konto über-
wiesen. Da sämtliche Exponate im Ergebnis freiwilliger Herausgabe beschlagnahmt worden sind und zur Rückführung
in die Bestände des Museums zur Verfügung stehen, ist der
Bürger um die von ihm gezahlte Gesamtsumme geschädigt.«
    Helene Borrak und ihre Tochter »sind zu ihren Straftaten
geständig. Es ist zu würdigen, daß insbesondere die Beschul-

digte Borrak nach anfänglichem Leugnen und Widersprü-
chen, in der Erkenntnis, daß eine umfangreiche Aufklärung
und Wiederbeibringung von Diebesgut auch in ihrem Interesse liegt, weitgehendst zur Wahrheitsfindung beigetragen
hat.«

Helene Borrak und ihre Tochter Silke Sch. wurden »wegen
jeweils mehrfach verbrecherischem Diebstahls und Betruges zum Nachteil sozialistischen Eigentums, wegen mehrfachen Betruges zum Nachteil persönlichen und privaten
Eigentums, wegen mehrfacher, teils vollendeter und teils
versuchter ungesetzlicher Warenausfuhr, wegen mehrfacher
Beihilfe zur ungesetzlichen Warenausfuhr im schweren Fall
und wegen mehrfacher Veranlassung eines ungesetzlichen
Devisenwertumlaufs im schweren Fall – Verbrechen gem.
§§ 158 Abs. 1, 159 Abs. 1, 162 Abs. 1 Ziff. 1 StGB, Vergehen
gem. §§ 178 Abs. 1, 180 StGB, 12 Abs. 1 Ziff. 1, Abs. 2 Ziff. 4,
Abs. 3 Zollgesetz, 21 Abs. 1 und 3, 22 Abs. 2 Ziff. 3 StGB,
17 Abs. 1 Ziff. 2, Abs. 2 Ziff. 3 Devisengesetz; § 63 Abs. 2
StGB« angeklagt. Der Prozess fand vom 19. April bis 6. Mai
1977 vorm 3. Senat des Bezirksgerichtes Leipzig an sieben
Verhandlungstagen statt. Der Saal war gefüllt, viele Presse-
vertreter saßen in den Reihen. Das Verbrechen musste par-
teilich ausgewertet werden
   Frau Helene auf der Anklagebank »wirkt gewissenhaft,
sachlich, solide. Die Auskünfte, die sie uns gibt, sind lückenlos. Auch ohne Nachzuprüfen, spürt hier jeder: Es hielte
jede vorgelesene Rubrik einer Nachprüfung stand. Der Ha-
ken ist nur, was die 52jährige Museumsassistentin Helene
Borrak mit buchhalterischer Genauigkeit vorträgt, ist ihr
Geständnis über fortgesetzte Kunstdiebstähle. Die Rubriken
auf ihrer Liste – das Verzeichnis der Beute: Antiquitäten im
Wert von fast 271.000 Mark!
   Die Anklage lautet: verbrecherischer Diebstahl in einer
nicht festzustellenden Anzahl von Fällen. Namhafte Kultur-

historiker der DDR, die zur Gerichtsverhandlung eingeladen worden sind, verschlägt es den Atem.« Frau Helene hatte schließlich »1.475 Exponate an sich gebracht. Darunter ausgesuchte, seltene Stücke. Manche einmalig. Eine Handschrift von Bach z. B. ist den Kulturschätzen der DDR unwiederbringlich verloren gegangen. Frau Helene, hat sie für einen Pappenstiel per Post außer Landes geschickt. Der neue Besitzer macht damit auf internationalen Märkten möglicherweise das große Geld, das eine solche Kostbarkeit tatsächlich wert ist. Münzen, Kupferstiche, Bücher, Gemälde ... Vieles wurde in der Wohnung von Helene Borraks gerade noch rechtzeitig sichergestellt. Das bedeutet, das Museum bekommt diese Schätze wieder. Zuvor jedoch haben Restauratoren allerhand Arbeit. Die Angeklagte hat die Liebhaberstücke nicht eben liebevoll verwahrt. Zarte Aquarelle und empfindliche Stiche hatte sie zwischen Laken und Hemden in ihrem Wäscheschrank versteckt. Alten, anfälligen Büchern ist sie mit dem Messer zu Leibe gerückt. Sie hat mit scharfen Klingen versucht, das Siegel des Museums zu löschen. Löcher, dünne Stellen im Papier sind das nicht mehr gut zu machende Ergebnis. Der stete Umgang mit der Kunst hat ihre Sinne wenig berührt. Und daß sie ausgesuchte Stücke griff – nichts weiter als Zufall. Frau Helene sagt: ›Ich nahm, was da war, wenn ich mich unbeobachtet fühlte.‹

Aus zwölf Münzen wollte sie sich später eine Kette machen lassen. Sie ahnte nicht einmal, daß jeder Sammler, der nur halbwegs etwas von seinem Hobby versteht, sie auf der Straße angehalten hätte. Denn speziell von diesen Münzen, ist weltweit bekannt, daß der Besitzer dieser Kostbarkeiten kein Privatmann, sondern jenes staatliche Museum ist!

Nun fragen wir uns: Wie fing das an?

›Mit einem Pfennigartikel‹, gesteht Frau Helene. Vor Jahr und Tag war im Museum ein Brief angekommen. Ein BRD-Bürger fragte offiziell an, ob ihm die Mitarbeiter ein bestimmtes Buch über die Stadtgeschichte (Heinz Füssler (Hg.): *Leipziger Universitätsbauten: Die Neubauten d. Karl-Marx-Universität seit 1945 u. d. Geschichte d. Universitätsgebäude*. Leipzig, 1961) zusenden können. Dieses Buch war seinerzeit auch in den Fachgeschäften auf dem Ladentisch für jeden zu haben. Trotzdem ging der Handel selbstverständlich nicht. Denn kein Museum darf Geschäfte machen. Doch anstatt das klipp und klar in einem Antwortbrief zu formulieren, gab die Leiterin der Museums-Bibliothek der Angeklagten einen Wink: ›Besorg du doch das Buch und laß dir was schicken …‹

Erst aus diesem ›heißen Tip‹ entwickelte Frau Helene dann in der Folgezeit einen schwunghaften Handel: anfangs mit Dingen, die sie in den Antiquariaten ihrer Stadt für gutes Geld einkaufte, um sie anschließend per Päckchen über die Staatsgrenze der DDR zu verschicken. Auch das war schon strafbar. Denn das ›Außenhandelsmonopol‹ für Antiquitäten hat bei uns allein der Staat. Privatgeschäfte mit dem Ausland sind daher illegal und verstoßen gegen die Bestimmungen des Zolls.

Doch Frau Helene ging noch weiter. Als nächstes offerierte sie dem westdeutschen Sammler, was ihre Arbeitsstelle, das Museum, bot und stahl auf Bestellung. Als Gegenwert verlangte und bekam sie von ihm – ebenfalls per Päckchen – Gold! Damit wollte sie sich zum Beispiel die schon erwähnten Münzen einfassen lassen. Nicht der Zauber alter Schönheit hat diese Frau zum Diebstahl verführt. Gewöhnliche Habgier war das Motiv, das sie bei ihren Straftaten bewegte. Später schaffte sie sich zusätzlich auch einen ›Kundenkreis‹ im eigenen Land. Sie schrieb auf Annoncen. Das Prinzip ›auf Bestellung‹ zu stehlen, behielt sie bei. Wenn ein Kunstliebhaber an bestimmten Gegenständen sein Interesse zeigte, stahl sie diese aus dem Museum.

Habgier ist dem Äußeren der Frau Helene nicht abzulesen. Auf den ersten Blick wirkt sie wie die Bescheidenheit in Person. Sie ist verheiratet, ihr Mann verdient gut 700 Mark, sie selbst als Teilbeschäftigte etwa 350. Probleme im Haushalt gab es nie, so bekannte sie vor Gericht. Man hatte (bis zum Beginn der verbrecherischen Handlungen) zwar kaum Ersparnisse, aber mit dem monatlichen Wirtschaftsgeld und den zusätzlichen Ausgaben gab es keine Schwierigkeiten. Zur Familie gehören vier Kinder. Für äußerlichen Luxus hat Frau Helene höchstens heimliche Sehnsucht gehegt. Warum dann diese hemmungslose Gewinnsucht, wo sie doch genau Bescheid wußte über den großen, nicht nur in Mark auszudrückenden Schaden der ihr anvertrauten Exponate?

Anspruchslosigkeit wird ihr von ihrem Mann, der Heizer ist, ausdrücklich bescheinigt. Und das bestätigen auch die Kollegen. Helene Borrak schweigt über sich. Wie detailliert und lückenlos sie auch über ihre Straftaten sprach, über ihre Persönlichkeit erfahren wir wenig. Sie spricht so kühl und knapp von sich wie von einer Fremden. Vielleicht ist sie sich selber fremd geworden durch das verbrecherische Doppelleben, das sie in letzter Zeit zu führen begann. Über die ›andere‹ Helene sagt beispielsweise der eigene Mann: ›Wir haben vor kurzem Silberne Hochzeit gefeiert. Ich konnte mich in all den Jahren über meine Frau nie beklagen. Wir hatten alles, was wir brauchten. Trotzdem war sie von Natur aus sparsam und plante jede Ausgabe gründlich.‹ Weder von dem prallen Konto, das die Angeklagte seit kurzem besitzt, noch von den geheimen Schätzen in ihrer gemeinsamen Wohnung hat Heinz Borrak auch nur das Mindeste gewußt. So hat er auch nicht rechtzeitig eingreifen können, und die Dinge nahmen unaufhaltbar ihren Lauf.

Vom Kollektivvertreter, dem Direktor des Museums, wird Helene Borrak, die er kennt, nicht viel anders eingeschätzt: ›Sie war neun Jahre lang bei uns tätig, erschien uns jederzeit gewissenhaft und stets bereit, alle Aufträge gut zu erfüllen. Ihre Verhältnisse betrachteten wir als übersichtlich und klar. Es gab nicht den geringsten Anlaß, ihr zu mißtrauen.‹ So wurden auch die Mitarbeiter des Museums schließlich ziemlich überrascht.

Das heißt, es gab hier gleichzeitig ein böses Erwachen. Denn selbst zum Zeitpunkt der Verhaftung von Helene Borrak hatte niemand auch nur eine Ahnung davon, was alles fehlte. Ganz allein das Geständnis der Diebin offenbarte die Lücken. Der Kollektivvertreter möchte zwar das Fehlen jeder Übersicht mit den ›von Vorvätern ererbten Durcheinander‹ in ihren Lagern begründen. Doch wie will sich jemand heute noch mit ›Unordnung von damals‹ entschuldigen? Welcher Industriebetrieb z. B. könnte sich ein Durcheinander in seinen Lagerräumen lange leisten? Welcher Leiter eines Warenhauses würde seines Lebens froh, wüßte er die Güter seines Hauses nicht sicher behütet. Und da sollen Durchblick und Ordnung nicht erst recht Selbstverständlichkeit sein für einen Ort, in dem Kunstschätze unseres Landes aufbewahrt werden, von denen viele unersetzbar sind? Durch Schaden klug geworden, haben sich die Leute vom Museum jetzt daran gemacht, jahrzehntelang Versäumtes aufzuholen. Bis 1980 spätestens soll die Bestandsaufnahme abgeschlossen sein.

Die Tat der Helene Borrak hat großen Schaden angerichtet. War das aber ein geplantes raffiniertes Verbrechen? Das Gericht war nicht dieser Ansicht, sondern sah in Helene Borrak vielmehr das Musterbeispiel einer haltlosen Persönlichkeit, die in Gefahr kommt, zuzugreifen, wenn etwas unbehütet vor ihr auf dem Präsentierteller liegt. Sie selbst bestätigt das, indem sie sagt: ›Jedesmal habe ich mir geschworen aufzuhören, und jedesmal hat es mich wieder gereizt.‹

Die Angeklagte ist der sprechende Beweis dafür, wie tief Haltlosigkeit den Menschen sinken lassen kann. Denn neben ihr auf der Anklagebank sitzt ihre 20jährige Tochter Silke. Wurde Frau Helene auch zehnmal von begünstigenden Umständen verführt – sie allein war es, die am Ende ihre Tochter verführte! Antiquarische Bücher im Wert von rund 1.000 Mark hat Silke Sch. im Auftrag ihrer Mutter aus dem

Museum geschleust und zu Geld machen geholfen. Sie ist angeklagt der Hehlerei.«

Beide Angeklagte »haben sich zu ihren Straftaten im Sinne des § 6 Abs.1 StGB bewußt entschieden. An dieser Feststellung ändert auch der Umstand nichts, daß die Angeklagte Borrak bei ihren Diebstahlshandlungen im Museum für Geschichte der Stadt Leipzig unterschiedlich ausgeprägte Vorstellungen vom Wert der jeweils entwendeten Exponate hatte. Die Beweisaufnahme hat insoweit ergeben, daß sie bei solchen Gegenständen, die zum Bestand der Bibliothek gehörten, insbesondere bei Büchern, infolge ihrer Berufserfahrung zu Einschätzungen des etwaigen Wertes eher in der Lage war als bei Exponaten anderer Sammlungen, also z. B. bei Münzen, Ehrenzeichen und Medaillen, wo ihr jeglicher Anhaltspunkt für eine realistische Bewertung fehlte. Der Gesamtablauf des strafbaren Handelns zeigt indessen, daß die Angeklagte sich bietende Gelegenheiten zum Diebstahl nutzte, ohne über den Wert der entwendeten Exponate vorab nähere Betrachtungen anzustellen und wegen ihrer Absicht, aus der Veräußerung des Diebesgutes finanzielle Vorteile zu ziehen, prinzipiell an der Erlangung wertintensiver Exponate interessiert war. Demnach steht fest, daß die Angeklagte Borrak bei ihrem strafbaren Handeln eine Schädigung des Museums für Geschichte der Stadt Leipzig in beträchtlichen Dimensionen einkalkuliert hat, auch wenn sie deren konkretes Ausmaß nicht in vollem Umfang abzusehen vermochte. Sie muß sich dementsprechend den tatsächlich eingetretenen Schaden in voller Höhe anrechnen lassen«, so die Urteilsbegründung.

»Zu acht Jahren Freiheitsentzug verurteilte das Gericht die 52jährige Museumsassistentin Helene Borrak Außerdem hat sie den materiellen Schaden zu ersetzen: 53.000 Mark. Diese Summe jedoch ist von einer Größenordnung, daß sich jeder ausrechnen kann: Die letzte Rate fällt wahrscheinlich auf den Sankt-Nimmerleinstag. Allein die Restauration der beschädigten Werke kostet runde 150.000 Mark. ... Ja, ein Sparkonto hat Helene Borrak und ein Spargirokonto, mit 13.000 Mark insgesamt. Einen Ertrag von etwa 26.000 Mark hat Helene Borrak aus alledem gezogen. Ein Sohn, war zu hören, hat 150 Mark abbekommen. Silke Sch., Tochter der Angeklagten und als Hehlerin in vergleichsweise geringem Maße mitangeklagt, nicht viel über 1.000 Mark. Aber was hat Helene Borrak davon persönlich wirklich gehabt am Ende? Ich wage es zu behaupten: Im Grunde genommen nichts.

Aber etwas anderes bekam die Angeklagte honoriert, wenn ich mich so ausdrücken darf. Mit Beginn des Ermittlungsverfahrens und auch in der Hauptverhandlung war sie bereit zu einer lückenlosen Sachaufklärung. Auf diese Weise wurde der große Teil des Diebesgutes sichergestellt. So schaffte sie Diebesgut von nahezu 86.000 Mark herbei (bei der ersten Wohnungsdurchsuchung hatte man dies nicht gefunden!) Sie machte auf Werte von über 40.000 Mark aufmerksam, die sie bereits bei Auktionen eingeliefert hatte.

Die 20jährige Mitangeklagte Silke Sch. wurde auf Bewährung verurteilt. Ihr Kollektiv erklärte sich bereit, die Bürgschaft zu übernehmen. Zwar ist auch in ihrem Wesen bereits deutlich sichtbar ein Bruch zu erkennen: Einerseits der beste Leumund im Beruf, was etwas heißt, denn Silke Sch. ist Säuglingsschwester. Andererseits – Versagen im entscheidenden Moment. Für Geld setzte auch Silke Sch. alles aufs Spiel. Und ähnlich wie die Mutter hielt die Tochter dieses leicht gewonnene Geld sparsam zusammen: Sie legte sich ein ›Heiratskonto‹ für die Aussteuer an. Trotz allem ist ihr Kollektiv überzeugt, daß Silke Sch. in diesem Fahrwasser nicht länger schwimmt.«

Es war ein Aufsehen erregender Prozess. Die Gerichtsreporter schrieben. Nicht nur die *Für Dich –Illustrierte Wochenzeitung für die Frau* berichtete ausführlich über Frau Helene. Auch die *Leipziger Volkszeitung*, *Die Union* oder das *Sächsische Tageblatt*. Die vielgelesene *Wochenpost* machte sich Gedanken darüber, was der Prozess nicht klären konnte.

»Nein, Frau Helene befand sich nie in einer finanziellen

Notlage. Warum hat sie dann, nach diesem ersten Mal, weitergestohlen, wird vom Richter des Leipziger Bezirksgerichts gefragt. Sie kann oder will darauf keine rechte Antwort geben. Sie habe sich darüber nicht viele Gedanken gemacht, sagt sie. Eine erfahrene Antiquarin, die nicht nur den geistigen und historischen, sondern auch den materiellen Wert alter Bücher einschätzen kann und Woche für Woche ebensolche Werte aus dem staatlichen Museum entwendet, um sie in private Münze zu verwandeln – wie kann man dieser Frau diese Antwort abnehmen? Es wäre sicher eine falsche Schlußfolgerung der Museumsleitung fortan allen Mitarbeitern mit Mißtrauen zu begegnen. Mißtrauen zerstört die Zusammenarbeit. Doch richtig ist der Entschluß, wenigstens die wertvollsten Dinge sicherer, das heißt gesichert, aufzubewahren. Die Briefe zum Beispiel, die ein Bach oder ein Richard Wagner einst schrieben, gehören schließlich uns allen …«

Selbstverständlich wurden die »Strafverfahren in den Arbeitskollektiven der Beschuldigten ausgewertet« sowohl in der Universitätskinderklinik als auch in der »Vorbildlichen Einrichtung der Stadt Leipzig«, in ihrem Stadtmuseum.

Dort sprach die ermittelnde Staatsanwältin Müller Klartext: »Kulturelle Werte sind durch die Ausfuhr in der BRD verloren gegangen. Es ist eindeutig, daß die Diebstähle nur gelingen konnten, weil im Museum Ordnung und Sicherheit nicht genügend beachtet wurden. Beim Spätdienst in der Bibliothek war jeder Zugriff möglich. Außerdem herrscht Unordnung, die nicht nur auf den Raummangel im Museum zurückzuführen ist. Auch bei den Mitarbeitern ist Unordnung festzustellen, Museumsgut liegt unbeaufsichtigt herum, es wird leichtfertig damit umgegangen. Der wesentliche Teil der Diebstähle ist durch den üblichen täglichen Ablauf im Museum möglich gewesen. Es müssen hier also die begünstigenden Umstände zur Straftat eingeschätzt werden. Inzwischen sind verschiedene Ordnungen des Hauses erarbeitet worden, unter anderem die Siegel- und die Hausordnung. Bei letzterer reicht der Passus ›… bei begründetem Verdacht … Taschenkontrollen‹ jedoch nicht aus. Es müssen immer wieder Stichprobenkontrollen durchgeführt werden.«

Dr. Missbach »erklärt, daß er sich als verantwortlicher Leiter des Museums in besonderem Maße durch die Vorwürfe angesprochen fühlt. Die Diebstähle geschahen während seiner Amtszeit. Es ist nachweisbar, daß in allen Plänen und Berichten an übergeordnete Stellen auf alle bestehenden Mängel immer wieder hingewiesen und um Unterstützung gebeten wurde. An 28 Plätzen lagerten die über 50 Sammlungen des Museums, auch in Arbeits-, sogar in Ausstellungsräumen und in gemieteten Kellern. Die Raumsituation ist kritisch; der Keller im Messepalast mußte kürzlich geräumt werden und das dort gelagerte Museumsgut in einen feuchten Keller des Grassimuseums untergebracht werden. Die Frage der Magazinräume liegt nicht im Bereich unserer Möglichkeiten. Es muß daher unbedingt eine Auflage an Dritte geben, uns Magazinräume zuzuweisen. Der Vorwurf des leichtfertigen Umgangs mit Museumsgut ist nicht gerechtfertigt. Die ›Unordnung‹ ist nicht das Produkt des allgemeinen Herangehens an das Museumsgut, sondern das Produkt des Widerspruchs zwischen unseren Aufgaben – neue ständige Ausstellungen/Sonderveranstaltungen und Bewahrungstätigkeit.«

Ein halbes Jahr nach dem Prozess sandte Dr. Missbach einen »Bericht an die Bezirksbehörde der Dt. Volkspolizei über die neuen Sicherungsmaßnahmen«. Er war angefordert worden. Festgelegt sind in diesem Maßnahmeplan nunmehr »regelmäßige Revisionen und die Einrichtung eines ständigen Mitarbeiters für Sicherheit im Museum. Der Rat des Bezirkes befürwortet den vorrangigen Einbau einer neuen Schlüsselanlage im Alten Rathaus. Eine neue Telefonanlage befindet sich in der Projektierung.« Man glaubte sich fortan gegen solche Diebstahlshandlungen gut gewappnet. Helene Borrak wurde nicht vorzeitig aus der Haft entlassen.

Sie saß ihre Strafe bis zum letzten Tage ab. Wieder in Freiheit drückte die Schuldenlast: 53.000 Mark. Obwohl sie das Rentenalter erreicht hat, ging sie auf Arbeit, um mehr finanzielle Möglichkeiten zu haben, denn auch die Familie litt. Sie nahm eine Tätigkeit in der Forschungsbibliothek des VEB Kombinat für Technische Gebäudeausrüstung (TGA), Kantstraße 2, auf, blieb ihrem Beruf treu. Die Kollegen wussten nicht von vorheriger Tat und Strafe.

»Frau Borrak war eine sehr angenehme, gewissenhafte, freundliche Frau. Sie besaß eine wunderschöne Handschrift.« Auch diese Arbeit – eine Vertrauensstellung. Das Kombinat TGA forschte für Verbesserungen in der DDR-Architektur, es war dem Ministerium für Bauwesen unterstellt. Das westliche Embargo des sozialistischen Weltsystems ließ manche Innovation zweimal erfinden, auch auf dem Sachgebiet von Sanitäranlagen, Heizung- und Lüftungssystemen. Manche westliche Publikation geriet illegal in den Bibliotheksbestand und diente hiesigen Wissenschaftlern als Ideengeber. Ihre Arbeitsaufgaben hat Helene Borrak ohne jede Beanstandung versehen. »Gewundert haben wir uns nur, dass sie einst in einer Großküche gekocht hat. Sie berichtete von Unmassen an Zutaten. Mir war dieses Wissen unerklärlich«, meint eine Kollegin heute.

Helene Borraks Bitte auf die Erlassung ihrer Restschuld wurde aufgrund der Schwere ihres Vergehens von den sozialistischen Gerichten abgelehnt. Sie arbeitete, bis ein Wegeunfall auf der Richard-Lehmann-Straße das verhinderte. Schwerbehindert erhält sie die Mindestrente. Die TGA-Forschungsbibliothek wurde 1990 abgewickelt und verschwand. Auch über Helene Borraks Schicksal ist nichts mehr zu erfahren.

6. Juli 2016: Münzen im Netz

Das Geld zieht nur den Eigennutz an und verführt stets unwiderstehlich zum Missbrauch.

Albert Einstein

»Als Hehlerware bezeichnet man Diebesgut, das die Diebe weiterverkaufen wollen. Der Grund dafür ist simpel: Die Polizei ermittelt in aller Regel und die Hehler möchten nicht, dass man ihnen auf die Schliche kommt. Also bieten sie ihre Ware zu Dumpingpreisen an und das in letzter Zeit vor allem online, der Anonymität wegen. In den letzten Jahren hat die Hehlerei gerade auf Kleinanzeigenportalen im Internet stark zugenommen. Das Internet bietet leider zahlreiche Möglichkeiten, sich dem Rechtsstaat zu entziehen. Insbesondere beliebte und hoch frequentierte Verkaufsplattformen ziehen Hehler an.« Doch birgt solch »offener« Verkauf auch Risiken, denn mittlerweile üblich sind Fotos der Angebote. Diese wurden Torsten W. zum Verhängnis. Ein Zeuge erkannte am 9. August 2016 die angebotene Ware wieder: Münzen aus der Sammlung des Stadtgeschichtlichen Museums Leipzig.

Genau festzustellen ist es nicht mehr, seit wann Geld zum ersten Mal als Tauschwert genutzt wurde. Aber bereits vor 3000 Jahre nannte eine sumerische Keilschrift-Tafel Preise und Gewichte. Man zahlte mit seltenen und schönen Objekten wie »Federn und Schneckenhäusern, Mineralien und metallischen Gegenständen, Salzbrocken, Perlen oder Kakaobohnen«. Aber »erst die Erfindung und Entwicklung von Balkenwaagen schuf die Grundlage für gemünztes Geld. Der Wert der ersten Münzen bemaß sich nach ihrem Materialwert, also dem Metall, aus dem sie geschlagen waren, und dessen Gewicht. Damit war das Metallgeld die nächste und praktischere Entwicklungsstufe des Warenverkehrs. Im Gegensatz zum Naturalgeld ließ es sich unkompliziert zählen, lagern und transportieren.« Die ersten noch »unförmigen Stater-Münzen der Geschichte kamen aus Lydien, wo sie im 6. Jahrhundert v. Chr. den sagenhaften Reichtum des Königs Krösus begründeten. Metallklumpen aus Gold und Silber wurden damals zur besseren Unterscheidung einseitig mit dem Zeichen der Macht, Stier und Löwe, versehen. Die Perser, die Lydien eroberten, übernahmen diese Art der Münzherstellung. Von ihnen lernten die Griechen und später die Römer. So kamen die Münzen mit den Legionen Roms auch nach Mitteleuropa und zu den Germanen.«

Nach dem Ende des römischen Weltreichs kehrte Mitteleuropa zur Tauschwirtschaft zurück. »Erst Karl der Große ordnete mit seiner Münzreform Ende des 8. Jahrhunderts das Geldwesen neu und führte den Denar in Silber und den Silberpfennig ein. Mit den Kreuzzügen und der Ausweitung des Gewürzhandels wurden schließlich auch größere, wertvollere Münzen benötigt als kleine silberne Pfennige wie dünne Brakteaten und Heller. In Deutschland wurden deshalb ab dem 14. Jh. die ersten Goldgulden nach florentinischem Vorbild geprägt.« Das hierfür benötigte Edelmetall kam zunächst aus heimischen Flüssen und Stollen, später auch aus der neuen Welt Amerika.

Glaubt man den Aufzeichnungen des römischen Geschichtsschreibers Sueton (70–140), sammelte Kaiser Augustus (63 v. Chr.–14 n. Chr.) als einer der Ersten alte königliche und ausländische Münzen. Andere taten es ihm nach, doch stand »der ästhetische Genuss wohl noch nicht im Vordergrund«. Die ersten Versuche, sich wissenschaftlich mit Münzen zu beschäftigen, sind im 14. und 15. Jahrhundert zu finden. So hinterließen u. a. der Dichter Francesco Petrarca (1304–1374) und Bischof Stephan von Neidenburg (ca. 1412–1495), umfangreiche Sammlungen von »Münzen aller Länder«. In Deutschland gehörten aufstrebende Landesfürsten zu den ersten Sammlern. So gehen große Münzkabinette wie die in München, Berlin oder Dresden im Kern auf solche Fürstensammlungen zurück. In der ersten Hälfte des 19. Jahrhunderts entstanden zunehmend regionale Münzkabinette, die von den neu gegründeten Geschichtsvereinen getragen wurden und ebenfalls Bedeutung für die Forschung erlangten.

Die Münzsammlung der Universitätsbibliothek in Leipzig gehört mit circa 83.000 Objekten zu den bedeutenden numismatischen Kabinetten Deutschlands. »Es handelt sich um eine universell angelegte Lehr- und Schausammlung, die zentrale geldgeschichtliche Entwicklungen unter internationaler Perspektive reich dokumentiert. Der Bestand deckt alle Epochen von der frühen griechischen Münzprägung des 6. Jh. v. Chr. bis zum ausgehenden 19. Jh ab. Auch die außereuropäische Münzprägung aller Kontinente ist mit umfangreichen Teilsegmenten vertreten.« Den Ausgangspunkt dieser Münzsammlung bildeten jedoch nicht Herrscherhäuser, sondern die »numismatischen Schenkungen einzelner Gelehrter im 18. Jh. an die Universität, zumeist wohl zusammen mit nachgelassenen Bibliotheken. Ihre Bedeutung und Größe verdankt die Leipziger Sammlung Ernst Gotthelf Gersdorf (1804–1874), der den Bestand zwischen 1850 und 1860 durch Großankäufe der Sammlungen des Leipziger Kaufmanns Carl Friedrich von Posern-Klett (1798–1849) und der des königlich-sächsischen Geheimen Finanzrats Ferdinand von Reiboldt (1794–1858) sowie zahlreiche weitere Erwerbungen (u. a. Münzfunde wie den Fund von Paunsdorf) um ca. 80.000 Objekte vermehrte.«

Auch das Naturkundemuseum präsentiert einen Münzschatz. Er wurde am 9. Juli 1976 bei Ausschachtungen zum Bau eines Umspannwerkes in der Leipziger Lessingstraße gefunden. Die Bauarbeiter stießen auf ein Tongefäß, das mit

129 kupferpatinierten Münzen gefüllt war. Eine erste Untersuchung ergab, dass dieser Geldschatz noch vor 1400 in der Erde versteckt worden sein musste. Alle Münzen wurden zweifelsfrei als Meißner Groschen identifiziert, sie waren fast sämtlich in der Münzstätte zu Freiberg zwischen 1360 und 1395 geprägt worden. »Vermutlich hat ein Handwerker oder ein Kleinhändler die Münzen gespart und in einem Topf gesteckt. Zur Verwahrung vergrub er die Ersparnisse auf seinem Hof im Naundörfchen und konnte sie aus unbekannten Gründen nicht mehr bergen.«

Die Münzsammlung des Stadtgeschichtlichen Museums »hat keinen landesherrlichen Ursprung, sondern geht auf das ›vaterländische‹ Interesse für Geschichte im 19. Jahrhundert zurück. 1872 – fünf Jahre nach Gründung des Vereins für die Geschichte Leipzigs – gehörten schon 200 Münzen, Medaillen, Marken und Siegel zum Bestand, der, gewachsen durch weitere Geschenke, am 20. April 1909 dem Museum übergeben wurde.

Als eine der ersten Stiftungen nach der Gründung des Museums kam am 30. Mai 1910 die Sammlung des verstorbenen Amtsbaumeisters Friedrich Pätzig in einem besonderen Schrank in Museumsbesitz. Er enthielt eine umfangreiche numismatische Bibliothek und in 22 Fächern eine Münzsammlung, dokumentiert in einem handschriftlichen Katalog. Jede Münze ist auf einem Blatt beschrieben, gezeichnet und alphabetisch geordnet. Die genauen heraldischen Erläuterungen geben diesem Katalog einen besonderen Wert. Die Sammlung enthält neben ausländischen Münzen vor allem Taler-, Doppeltaler- und Guldenwerte der ehemaligen deutschen Bundesstaaten und Hoheitsgebiete in verschiedenen Jahrhunderten. Der Bestand sächsisch-thüringischer Münzen ist besonders reichhaltig.

Die Gattin des feinsinnigen Sammlers Clément William Davignon vermachte nach dem Tode ihres Mannes im Jahre 1924 entsprechend seinem Willen zu Lebzeiten die wertvolle Sammlung Leipziger Münzen und Medaillen dem Museum. Ihr kostbarster Teil sind die Medaillen des Leipziger Goldschmiedes und Groschengießers Hans Reinhart d. Ä. aus dem 16. Jahrhundert.

Die beiden Stiftungen bilden knapp die Hälfte des Bestandes der Numismatischen Sammlung des Hauses. Der größere Teil der Sammlung ist gleichfalls stadtbezogen und dokumentiert auf seine Art die wechselvolle Stadtgeschichte. Eine weitere große Gruppe bilden die Plaketten und Medaillen Leipziger Persönlichkeiten, insbesondere die von Künstlern der Leipziger Kunstakademie wie z. B. Carl Seffner, Adolf Lehnert, Felix Pfeifer oder Paul Sturm.

In einer Zeit, wo schriftliche Überlieferungen spärlich vorhanden sind, können Münzen zu wertvollen Urkunden werden. Den Stücken, die als Leipziger Stadtfunde dem Museum übergeben wurden, liegt zumeist kein Fundbericht bei. Dadurch ist ihr Wert stark beeinträchtigt, und diese Münzen scheiden als Quelle zur Stadtgeschichte aus. Leider wurden auch durch die Entnahme etlicher Stücke zum Austausch einzelne Funde in ihrem Wert stark gemindert. Im Jahre 1943 wurde dem Museum ein Fund aus Leipzig-Thekla, Ortsteil Plösen, übergeben. Das Gefäß wird um 1250 datiert und enthielt Meissner Groschen, deren jüngste Gepräge etwa mit dem Jahr 1395 abschließen. Ein größerer früherer Fund ist der Brakteatenfund von Cröbern, der 1926 in das Museum kam. Eine Fundgeschichte fehlt, aber man nimmt an, daß er als Schatz von einer geistlichen Stelle im Erdboden geborgen worden ist. Die Münzen befinden sich in einem sehr schlechten Zustand der Erhaltung. Durch Hitze und Druck wurden die Brakteaten (Münzen oder Medaillen aus einem sehr dünnen (meist Silber-/Metallblech) so verändert, daß die Prägebilder zerstört wurden.

Besonders wertvoll ist der Bestand sächsischer Groschen des 14./16. Jahrhunderts, die z. T. noch in den Funden aus dem 17./18. Jahrhundert auftauchen. 1915 machte man bei

Erdarbeiten in einem Grundstück in der Seeburgstraße diesen Fund. Eine Spezialsammlung bildet der Bestand der Mansfelder und Braunschweiger Kupfer-Dreier. Darüber hinaus geben viele kleine Einzelfunde ein buntes Bild der Leipziger und sächsischen Münzgeschichte.« Außerdem gehören Aktien und Wertpapiere zur Sammlung. Sie umfasst mehr als 25.000 Objekte.

Am 10. Juli 2016 melden Agenturen: »Aus der numismatischen Sammlung des Stadtgeschichtlichen Museums Leipzig haben Diebe eine größere Anzahl von Münzen gestohlen. Laut einer Mitteilung des Museums vom Mittwoch ist der Wert der fehlenden Stücke ›erheblich‹, kann aber vorläufig nicht beziffert werden. Der Verlust sei vor einigen Tagen ›nach einem Hinweis auf eine sich im Umlauf befindende Münze des Stadtgeschichtlichen Museums‹ bemerkt worden.« Daraufhin habe das Museum seine numismatischen Bestände »auf den Kopf gestellt« und »eine Generalinventur eingeleitet sowie die internen Richtlinien zum Betreten des Depots verschärft«.

Die »durchgeführte Überprüfung des Bestandes des Museumsdepots habe ergeben, dass diese im Internet aufgetauchte Münze im Depot des Museums fehlte. Seit wann sie verschwunden ist, scheint aber unklar zu sein. Zuletzt sei sie 2010 registriert und seitdem nicht mehr für Ausstellungszwecke benötigt worden. Bei einer Inventur des gesamten Bestandes stellte das Museum dann fest, dass noch weitere Stücke aus dem Museum fehlen. Nach eigenen Angaben befinden sich rund 25.000 Münzen im Bestand. Angaben zu möglichen Tätern machte das Museum nicht. Die Auswahl der entwendeten Stücke ließe aber auf einen erheblichen Sachverstand schließen.

Das Rechtsamt der Stadt Leipzig stellte inzwischen Strafanzeige, ein marktkundiger Sachverständiger soll ein Wertgutachten zu den gestohlenen Münzen erstellen. Weitere Details zu dem Raub würden auf Wunsch von Staatsanwaltschaft und Polizei aus ermittlungstaktischen Gründen derzeit nicht genannt.«

Nicht alle im Museum aufbewahrten und nunmehr verschwundenen Münzen waren kommunales Eigentum. So forderte die Industrie- und Handelskammer (IHK) »›von der Stadt Leipzig Schadenersatz. Denn unter den entwendeten Kostbarkeiten befanden sich auch etwa 100 Münzen aus dem sogenannten Kramerschatz der IHK. Es handelt sich dabei um Münzen aus der ganzen Welt, vorwiegend aus dem 18. und 19. Jahrhundert‹, sagte der Hauptgeschäftsführer der Industrie- und Handelskammer zu Leipzig. ›Zum Wert der Münzen können wir aufgrund der noch nicht abgeschlossenen Ermittlungen der Strafverfolgungsbehörden keine Angaben machen.‹ Jedoch hat die IHK Schadenersatzforderungen an die Stadt gerichtet. ›Die IHK zu Leipzig ist verpflichtet ihre Ansprüche geltend zu machen und hat das auch hier gegenüber der Stadt Leipzig getan.‹

Den Kramerschatz, zu dem eine bis in das 14. Jahrhundert zurückreichende Urkunden- und Aktensammlung, Glas, Goldschmiedearbeiten, Porzellan, Gemälde, Münzen und Medaillen gehören, hat die IHK als Depositen und Dauerleihgaben unter anderem an das Stadtgeschichtliche Museum abgegeben. Eine Rückgabe der Sammlung beabsichtigt die IHK nach den Worten ihres Hauptgeschäftsführers nicht. ›Wir begrüßen die Aktivitäten der Stadt Leipzig zur Wiederbeschaffung fehlender Münzen‹, hob ihr Geschäftsführer vielmehr hervor.

Lediglich ein kleiner Teil der insgesamt 576 verschwundenen Münzen ist bislang wieder aufgetaucht. Ob darunter auch Teile des Kramerschatzes sind, ist der IHK nicht bekannt. Bis Ende des Monats soll ein Gutachter im Auftrag der Stadt den Wert der gestohlenen Münzen festgestellt haben. Auf der Ratsversammlung im Dezember 2016 sprach Kulturbürgermeisterin von rund 348.000 Euro.«

»Museen haben u. a. die Aufgabe, Kunst- und Kulturgüter zu bewahren. Eine wesentliche Voraussetzung für den dauerhaften Erhalt der Bestände ist die Sicherheit. Die besten baulichen und technischen Maßnahmen stoßen jedoch an ihre Grenzen, wenn das eigene Personal unachtsam oder sogar kriminell ist. Das Stadtgeschichtliche Museum in Leipzig hatte wohl einen Dieb in den eigenen Reihen.«

Tatverdächtig ist »ein Mitarbeiter des Museums, von dem sich die Stadt in der Zwischenzeit getrennt hat. Dem Mann war es gelungen, über einen längeren Zeitraum hinweg unbemerkt die wertvollen Münzen zu entwenden. Er flog erst auf, als im Internet zum Kauf angebotene Münzen als Eigentum der Stadt Leipzig identifiziert wurden. Gegen den ehemaligen Museumsmitarbeiter ermittelt die Staatsanwaltschaft. Wann dieser sich vor Gericht verantworten muss, steht noch nicht fest. ›Das Ermittlungsverfahren ist noch nicht abgeschlossen‹, sagt der Pressesprecher der Oberstaatsanwaltschaft Leipzig. Ein Zeitpunkt für eine mögliche Anklageerhebung könne nicht genannt werden. Ein Mitverschulden seitens des Direktors des Stadtgeschichtlichen Museums liegt nach Einschätzung nicht vor. Es gebe bislang keinen Grund für ein arbeits- und disziplinarrechtliches Verfahren gegen ihn, so die Kulturbürgermeisterin.

Gleich nach Bekanntwerden des Diebstahls im August sei damit begonnen worden, die Bestände des Museums zu überprüfen. 20 Mitarbeiter waren an den Inventuren im Böttchergäßchen beteiligt. Die Überprüfung der Sammlungen, die neben Münzen und Medaillen auch Bücher, Grafiken, Glas, Metall, Porzellan, Puppen, Uhren, Maße, Gewichte, Gemälde, Holzplastiken und Fotos umfassen, ist laut der Kulturbürgermeisterin abgeschlossen. Im Bibliotheksmagazin seien die historischen Buch- und Schriftbestände dokumentiert und inventarisiert worden. Noch in Bearbeitung befinden sich die Autographensammlung und die Grafiksammlung mit über 30.000 Werken. ›Die Inventurarbeiten werden kontinuierlich weitergeführt und aufgrund der großen Stückzahlen voraussichtlich Mitte kommenden Jahres abgeschlossen sein‹, so die Kommunalpolitikerin. Nach jetzigem Stand sei lediglich die numismatische Sammlung vom Diebstahl betroffen gewesen.« Der Schaden schien begrenzt, wenn auch erheblich.

Die Kriminalpolizei stellte fest: Der Täter musste zu den Sammlungsräumen des Museums Zugang haben, denn die Münzentnahmen waren sorgfältig kaschiert. »Der Dieb ging äußerst raffiniert vor. Für jede entwendete Münze legte er an ihre Stelle in die betreffende Hülle im Münzschrank eine andere, meist Dubletten, die zu mehreren in den Tütchen waren. So fiel bei Entnahmen oder Rückführungen nach Ausstellungen nicht auf, dass Münzen weg sind.« Die Ermittlungen führten zu einem Tatverdächtigen: »Torsten W. (48) – ein Buchbinder, der früher in den Diensten des Museums stand. Gegen den Hobby-Numismatiker wird inzwischen wegen schweren Diebstahls ermittelt. Auf die Spur kam die Kripo dem Verdächtigen übrigens durch die Auswertung der Computer des Museums-Personals. Auf dem PC von Torsten W. sollen sich Hinweise befunden haben, wonach er seine krummen Geschäfte gleich vom Arbeitsplatz aus abwickelte. Die Staatsanwaltschaft wollte sich am Donnerstag nicht zu dem Fall äußern. ›Die Ermittlungen dazu sind noch nicht abgeschlossen‹, begründete sie« ihr Schweigen.

Erleichtert wurden die Wegnahmehandlungen, da über lange Zeit kein Numismatiker die Sammlung im Museum betreute. Zwar hatten die fachfremden Kuratoren, denen die Verantwortung übertragen worden war (z. B. aus der Leitungsebene oder von der Sammlung Militaria), versucht, sich ins Sachgebiet einzuarbeiten, doch fehlten stets die Detailkenntnisse, die einen Spezialisten auszeichnen. Die große Anzahl der Münzen und Medaillen in der Sammlung machte auch eine regelmäßige Inventur neben dem Tagesgeschäft ohne zusätzliches Personal unmöglich.

»Torsten W. war ein angenehmer Kollege«, meinen die Kollegen, »und von seinem Fachgebiet verstand er was. Jawohl. Zu betrieblichen Zusammenkünften, die über das dienstliche hinausgingen, ist er jedoch nie erschienen. Wir wussten über ihn fast nichts.«

Ein charmantes Frauenbild blinkte auf seinem Computer als Bildschirmschoner. Sein Privatleben deutete er nur an: Frau, Kind und sommers Auslandsurlaub. Gesehen haben die Kollegen weder Frau noch Kind noch Fotos, und man fragte nicht danach. Nun gut: Er trug exquisite Kleidung, teure Uhren und fuhr eine bekannte Automarke. »Was soll man sich da Gedanken machen? Überdurchschnittlich ist keinem dieser Lebensstil erschienen, zumal er eine Erbschaft mit großer Werkstatt erwähnt hatte, die ihn wieder zurück in den Heimatort zog.«

Der Leitungsebene galt Torsten W. als absolut vertrauenswürdig, so durfte er die wertvolle Amtskette des Leipziger Oberbürgermeisters in Stahlschatulle mit Handschelle zu feierlichen Anlässen ins Rathaus tragen und wieder zurück in die Museumsräume, wo sie hinter Glas gesichert dann wieder vor Besuchern lag. Torsten W. war hilfsbereit und übernahm auch gern die ungeliebten Spätdienste zum Schließen aller Räume nach dem Ende der Öffnungszeit. Für jeden Chef der ideale Mitarbeiter.

Dies Image aber war von Torsten W. wohlbedacht und Taktik. Denn wenn er im Museum als Verantwortlicher im Haus die Türen schloss, waren die Diensträume der Mitarbeiter unbesetzt. Er hatte Zugang zu den Räumen, wo die Sammlungsobjekte lagern. Nach Recherche und ohne zeitlichen Druck konnte Torsten W. sein Diebesgut aus dem Fundus wählen und Platzhalter an die Stellen setzen, von der der wahre Wert längst in seine Tasche verschwunden war. Taschenkontrollen am Ausgang gab es keine, Torsten W. war ja der Letzte, der das Haus verließ und abschloss. Ein Sicherheitsdienst sah nächtens regelmäßig von außen nach dem

Rechten. Beanstandungen gab es keine: Die Türen waren verriegelt, die Alarmanlage eingeschaltet.

»Während die juristische Aufarbeitung Fahrt aufnimmt, hat das Museum seine technischen Einrichtungen und organisatorischen Abläufe überprüft und unverzüglich gehandelt: Die Schließanlage des Depots wurde ausgewechselt und die neuen Transponder an eine strenger begrenzte Anzahl ausgewählter Personen ausgehändigt. Außerdem wurde für das Betreten des Depots das Vier-Augen-Prinzip vorgeschrieben. Wenn infolge des Diebstahls und der verschärften Kontrollstrukturen ein latentes Misstrauen unter dem Personal des Stadtgeschichtlichen Museums entstünde, wäre solch ein Begleit- oder Kollateralschaden eine nicht zu unterschätzende Belastung für das kollegiale Miteinander.«

Ihr Bild über den Kollegen Torsten W. müssen die Museumsmitarbeiter von Grund auf revidieren. (Die Aussagen der Kollegen gleichen sich mit denen über Frau Helene auf fatale Weise.) Natürlich hatte dem netten Mann einen solchen Raubzug durch die Museumsmagazine niemand zugetraut. Zum anderen führte Torsten W. ein Doppelleben, für das er auch Finanzen brauchte. Mit seiner Familie war Torsten W. niemals in den Urlaub gefahren, schlicht, weil Torsten weder Frau noch Kind und Kegel besaß. Zu seinen homosexuellen Neigungen vermochte er sich öffentlich nicht zu bekennen. Seine Reisen führten ihn nach Thailand und andere Regionen, in denen er für seine Leidenschaften anonym Befriedigungen finden konnte. Zweifel an Torsten W.s Erzählungen waren im Kollegenkreis nie aufgetaucht. »Er hat glaubhaft und perfekt gelogen.«

Bei den Ermittlungen gab Torsten W. nur zu, was ihm bewiesen werden kann. Den größten Teil hatte er über eBay oder Auktionshäuser verkauft. Weitere Münzen konnten die Kriminalisten zwar bei ihm entdecken, aber ob sie aus dem städtischen Museum stammten, das blieb fraglich: Sie waren an feuchtem Ort gelagert, offensichtlich in Eile versteckt, als der Diebstahl ans Licht gekommen war. Die Umweltbedingungen ließen Prägung und Reliefs verschwinden, so dass die Provenienz der Münzen nie mehr feststellbar sein wird. Dieser Münzfund ist schlichtweg altes Metall, sein Schrottwert unerheblich. Hier fehlen weitere Beweise. Bis zur Anklage ist Torsten W. auf freiem Fuß. Fluchtgefahr bestehe nicht, meinte der Richter.

Mittlerweile hat die Stadt eine »Rechtsanwaltskanzlei beauftragt, die versuchen soll, die Münzen für die Stadt Leipzig zurückzugewinnen«. Die Anwälte gelten als Spezialisten für die Rückführung von Beutekunst. »Die 68 wertvollsten Münzen will das Museum auf alle Fälle zurückholen. Hierbei setzt die Stadt nun auf die besondere Expertise der beauftragten Kanzlei, für deren Dienste die Kommune 33.000 Euro veranschlagt. Durch Verkäufe an gewerbliche Münzhändler sowie über Auktionshäuser und die Internetplattform eBay soll Torsten W. mehr als 91.000 Euro kassiert haben. Manche Münzen verkaufte er für wenige Euro, das teuerste Einzelstück ging für 9.000 Euro weg. Der Großteil des Diebesguts fand über eBay Käufer. Sie stammen aus zwei Dutzend Ländern.« Die Aufgabe für die Anwälte wird nicht einfach zu lösen sein.

Böse Zungen Leipzigs sprechen übers Stadtgeschichtliche Museum, dass es wohl in vierzig Jahren wieder mit einem gravierenden Diebstahlsereignis zu rechnen hätte. Denn die vorliegenden drei Fälle fanden in etwa in dieser Zeitspanne statt: 1937: Lucas Cranachs Verschwinden. 1976: die Plünderungen durch Helene Borrak. 2016: Verlust wertvoller Münzen. Mathematiker sprechen von einer Reihe, diese wird »als eine Folge definiert, deren Glieder die Partialsummen einer anderen Folge sind. Die n-te Partialsumme ist die Summe der ersten (von den unendlich vielen) Summanden.«

Es bleibt zu hoffen, dass die Reihe 2016 endet, doch sollte man anlässlich des bevorstehenden Termins im Jahre 2056 alle Sicherheitsvorkehrungen im Stadtgeschichtlichen Museum nochmals und besonders hart auf eventuelle Schwachstellen prüfen. Es scheint geraten, eine entsprechende Notiz in der To-do-Liste des zukünftigen Museumsdirektors zu vermerken.

10. November 2016: »Das Gesetz zur Neuregelung des Kulturgutschutzrechts vom 31.07.2016 (KGSG) enthält zahlreiche Regelungen, die erhebliche Auswirkungen auf den Münzhandel haben. Die einzuhaltenden Sorgfaltspflichten beim Inverkehrbringen von Münzen lassen sich im Wesentlichen wie folgt zusammenfassen: Private Münzsammler dürfen nicht wissentlich Münzen in Verkehr bringen, die abhanden gekommen sind, unrechtmäßig eingeführt oder rechtswidrig ausgegraben worden sind. Sofern konkrete Anhaltspunkte dafür bestehen, dass einer dieser Tatbestände erfüllt sein könnte, ist eine nähere Prüfung geboten, die sich aber auf den zumutbaren Aufwand beschränkt. Kriterien der Zumutbarkeit sind dabei z. B. der Wert der Münze und der Zeitpunkt des Erwerbs. Gewerbliche Münzhändler haben über diese allgemeinen Sorgfaltspflichten hinaus bei Münzen mit einem Wert von über 2.500 € pro Einzelstück zusätzliche Sorgfaltspflichten einzuhalten. Münzen sind in der Regel nicht als archäologisches Kulturgut zu qualifizieren, wenn es sie in großer Stückzahl gibt und sie für die Archäologie keinen relevanten Erkenntniswert haben. Münzen sind als Massenware also grundsätzlich von den zusätzlichen Sorgfaltspflichten ausgenommen, wenn sie den Schwellenwert von 2.500 € nicht übersteigen. Selbst für den Fall, dass die zusätzlichen Sorgfaltspflichten in Einzelfällen tatsächlich eingreifen sollten, sind diese überwiegend auf den Umfang des zumutbaren Aufwandes, insbesondere der wirtschaftlichen Zumutbarkeit, beschränkt.«

Museum der bildenden Künste Leipzig

Gebt mir ein Museum, und ich werde es füllen!

Pablo Picasso

Die Kaufmänner und Ratsherren Johann Thomas Richter und Gottfried Winckler waren welterfahren und kunstinteressiert. Auf ihre Anregung hin formierte sich zu Leipzig 1763 eine Kunst-Sozietät, die im Jahr darauf in der Eröffnung der »Zeichnungs-, Malerei- und Architekturakademie« mündete. Die Bildung eines »Vereins der Freunde der bildenden Kunst in Leipzig zur Förderung dieser Kunst im sächsischen Vaterlande« hintertrieb König Friedrich August und beförderte stattdessen in Dresden die Gründung des »Sächsischen Kunstvereins«. Daraufhin konstituierte sich in Leipzig der »Verein der hiesigen Kunstfreunde«, der nach seinem Ritus der Zusammenkünfte »Sonnabend-Gesellschaft« genannt wurde. Um Richtlinien für Erwerb, Bezahlung und Präsentation der entstehenden Sammlung zu koordinieren, fand am 9. November 1837 anlässlich einer Ausstellung die erste Generalversammlung des »Leipziger Kunstvereins« statt. Ziel: ein kommunales Kunstmuseum. Dafür überführte man die bislang zusammengetragenen Kunstschätze in städtischen Besitz. Erste Räume stellte der Rat in der Bürgerschule (auf der Moritzbastei) zur Verfügung.

Das Vermächtnis von Seidenhändler Adolf Heinrich Schletter ermöglichte einen Museumsneubau. An der Südseite des Augustusplatzes, »einem der schönsten und größten Plätze der Welt, Mittelpunkt der durch die Vororte erweiterten Stadt, Kreuzungspunkt vieler Straßenbahnen«, baute man nach Plänen von Ludwig Lange. Die Fassade zitierten römische Renaissance-Paläste. Treppe und Terrasse erinnern an die Uffizien in Florenz. Die Figuren auf der Attika standen für Griechenland, Deutschland, Italien, Spanien, Niederlande, Frankreich, England. In den Nischen sah man Statuen von Raphael, Michelangelo, Rubens, Rembrandt; in den Terrassenecken: Holbein, Dürer. Das Galeriegebäude eröffnete 1858, bereits 1886 wurde es von Hugo Licht mit Mitteln der Grassi-Stiftung durch zwei Flügel erweitert.

Die Broschüre zur »500 Jahre Jubelfeier der Universität Leipzig« 1909 hebt hervor: »Das Museum für bildende Künste Leipzig enthält eine reiche Sammlung moderner Meister, daneben auch viele bedeutende Werke aus der altdeutschen und niederländischen Schule. Im Erdgeschoß befindet sich eine Sammlung von Originalskulpturen moderner Meister und von Gipsabgüssen nach klassischen Werken, im zweiten Stockwerk eine große Sammlung von Photographien und graphischen Werken zur Illustrierung der Geschichte der Malerei. Zu den Hauptwerken des Museums gehören an Skulpturen: Von der Hand Max Klingers die berühmte Beethoven-Statue, die beiden Hauptfiguren der Salome und Kassandra und die Statue der Badenden; von Adolph Hildebrand die Marmorstatue Adams; von Christian Rauch die weltbekannte Büste Wolfgang Goethes, außerdem Werke von Arthur Volkmann, Carl Seffner, Gasteiger, Rodin, Trebst u. a. In der Kartonsammlung finden sich geschichtlich merkwürdige Entwürfe zu Wandbildern von Peter Cornelius, Schnorr von Carolsfeld, Zeichnungen von Schwind, Menzel, Aquarelle von Karl Werner und vor allem eine Sammlung von Zeichnungen und Entwürfen von Bonaventura Genellis. In der Gemäldesammlung sieht man u. a. acht Bilder Franz von Lenbachs, zwei Hauptgemälde von Alfred Böcklin, eins der bedeutendsten Bilder Fritz von Uhdes, hervorragende Werke von Schwind, Schleich, Wilhelm Schrader, Calame, Defregger, De la Roche, Segatini, Hubert Herkomer, Otto Greiner, Ludwig Richter, Caspar David Friedrich, Lovis Corinth, Joseph Anton Koch, Meunier u. a.

Von den älteren Meistern nennen wir: Schongauer, van Eyck, eine größere Anzahl von Werken der beiden Cranachs und ihrer Schule und eine kleine, aber auserlesene Sammlung von Niederländern des 17. Jahrhunderts, darunter zwei Originalwerke Rembrandts.«

Der Bombenangriff des 3. Dezember 1943 zerstörte das Gebäude am Augustusplatz und etliche der noch darinnen verbliebenen Kunstwerke. 1952 zeigte sich Leipzigs Bildermuseum vorübergehend in den Räumen des Reichsgerichtsgebäudes. Das Provisorium dauerte 46 Jahre. »2004 erhielt das ›Museum der bildenden Künste‹ einen spektakulären Neubau der Architekten Karl Hufnagel, Peter Pütz und Michael Rafaelian: ein gläserner Kubus mit meterhohen Räumen und geradezu verschwenderischen Freiflächen. Der als strenger Quader ausgeführte Bau ist in Nord-Süd-Richtung 78 m lang und in Ost-West-Richtung 41 m breit sowie 36 m hoch. Dieser Höhenunterschied wird durch eine Blockbebauung abgemildert, die aus vier winkelförmigen Gebäuden in den Ecken des Straßengevierts besteht.« Illuminiert wirkt das neue Museumsgebäude wie ein schön gefasster Diamant. In der Mitte der vier Fassaden kreuzen sich zwei öffentliche Passagen. Von der Gesamtfläche werden ca. 7000 Quadratmeter als Ausstellung genutzt, in den anderen Räumen finden sich Magazine, Werkstätten, Versorgungseinrichtungen sowie Büros.

Berühmte Künstler wurden in Leipzig geboren, so Max Beckmann und Max Klinger. »Klinger ist mit seinen Hauptwerken in Leipzig vertreten, Beckmann dank einer umfangreichen privaten Leihgabe. Kein deutsches Museum besitzt so viel Kunst der DDR – insgesamt 500 Werke, darunter viele von den Leipziger Malern Werner Tübke, Bernhard Heisig, Wolfgang Mattheuer.« Leipzig sei für ihn »der Ort der Konzentration und Inspiration«, sagt Neo Rauch, zeitgenössischer Malerstar und Sohn der Stadt. Auch er machte Leipzig und ihre »Neue Malerschule« rund um den Globus bekannt.

20. August 1909: Der Sohn und das Bild des anderen

> Man sollte entweder ein Kunstwerk sein oder eines
> tragen.
>
> Oscar Wilde

Am 19. August 1909 erinnerte die *Leipziger Volkszeitung* in ihrem Geschichtskalender: »1662: Der Mathematiker und Philosoph Blaise Pascal in Paris gestorben. 1780: Der revolutionäre Liederdichter Jean Pierre Béranger in Paris geboren. 1819: Der Erfinder der Dampfmaschine, James Watt, in Heathfield bei Birmingham gestorben. 1896: Der Philosoph Richard Avenarius in Zürich gestorben. 1900: Der Schachweltmeister Wilhelm Steinitz in Newyork gestorben. 1905: Väterchen ›Zar‹ verspricht ›seinem‹ Volke eine Verfassung und die Duma.«

An jenem denkwürdigen 19. August 1909 traf der Budapester Bankangestellte Eugen Schweiger mit dem Zug in Leipzig ein, auch das Datum seines Lebens wäre es wert, in den Annalen zu vermerken. Schweiger raubte Leipzig Rembrandt. Schweigers Name und Rembrandts Bildnis wurden von der Stadt vergessen. Es ist an der Zeit, sie ins Gedächtnis zurückzuholen. Das Corpus Delicti sollte Museumsbesuchern wieder gezeigt werden. Denn das von Eugen Schweiger entwendete Gemälde hängt heute unsichtbar im Magazin. Es gehört in die Ausstellungsräume, denn das Schicksal dieses Kunstwerks, es ist einzigartig. Eher noch als die *Mona Lisa* in Paris wurde es gestohlen: Der kürzeste Bilderdiebstahl der Weltgeschichte!

Am 19. August 1909 befand sich Eugen Schweiger auf der Heimreise von seinem 5-wöchigen Europaurlaub. Er saß im Zug und durchblätterte vielleicht die Schlagzeilen der Presse. Schweden generalstreikt. Das jungtürkische Komitee drängt zum Krieg mit Griechenland. In Österreich-Ungarn gärt es. »Die Slavische Union verurteilt mit größter Entschiedenheit die Verfolgungen Angehöriger slavischer Völker in den innerösterreichischen Erbländern und fordert die Regierung auf, daß sie die slavischen Minoritäten gegen diese unerhörten Gewalttätigkeiten schütze.«

Es erheben sich internationale Proteste: »Aus Budapest schreibt man uns: Bekanntlich haben vor kurzem die Aerzte Rumäniens den Beschluß gefaßt, vom internationalen Aerztetag, der Ende dieses Monats in Budapest stattfinden wird, sich fernzuhalten, weil sie von der Gastfreundschaft einer Regierung nichts wissen wollen, die die Rumänen aufs schmählichste verfolgen läßt. Die magyarische Presse glaubte damals die ganze Angelegenheit mit der hierzulande üblichen Schimpferei über die walachische Frechheit abtun zu können. Es kam aber anders. Dem Beschluß der rumänischen Aerzte schlossen sich alsbald auch die serbischen Aerzte an, deren Konnationale in Ungarn ebenfalls unterdrückt werden. Ihnen folgten die tschechischen Aerzte, die durch ihr Fernbleiben vom Kongreß gegen die blutigen Slovakenverfolgungen demonstrieren wollen, und in den letzten Tagen weigerten sich auch die kroatischen Aerzte, einen Beschluß zu fassen, der die Teilnahme ausspricht, d. h. sie wollen ebenfalls fernbleiben. Die Beschlüsse wurden nicht geheim gehalten, die Angelegenheit drohte also, sich zu einem europäischen Skandal auszuwachsen. Da nun die Regierung weiß, daß man mit Märchen der Welt nichts weismachen kann, greift sie zu besseren Mitteln. Sie ordnete an, daß alle rumänischen Aerzte, die im Dienste der ungarischen Staatseisenbahnen stehen, an dem Kongreß teilnehmen und eine ›rumänische Gruppe‹ bilden sollen. Man soll sehen, daß die ›besonnenen‹ Rumänen mit ihrer Lage in Ungarn zufrieden sind und daß die Boykottbewegung nur das Werk einiger Quertreiber sei. Die Blendung des Auslands dürfte doch nicht ohne weiteres gelingen, gerade die erzwungene Anwesenheit einiger rumänischer Aerzte wird von der Nationalitätenpolitik Ungarns entsprechendes Zeugnis ablegen.«

Eugen Schweiger hatte beschlossen, seinen Urlaub ausklingen zu lassen, indem er noch die Weltstadt Leipzig betrachtet, dann wollte er mit selbiger Absicht nach Dresden weiterfahren. Leipzig galt damals als eine der interessantesten Städte in Europa und boomte. »Nach der Volkzählung vom 1. Dezember 1905 lebten in Leipzig 503.637 Menschen in 18.125 Häusern. Das Stadtgebiet umfasste 57 qkm.« Und der Baedecker-Reiseführer weiß: »Die Entwicklung zur schönen, imposanten Großstadt zeigt sich nicht nur in seiner Ausdehnung, sondern auch in den Bauwerken und in einem großartigen Straßenbahnnetz. Viele schöne Gebäude sind entstanden, die nicht selten Architekten zu längerem Aufenthalt veranlassen.« An Völkerschlachtdenkmal, Hauptbahnhof und neuen Messepalästen wurde gearbeitet. Gewandhaus, Neues Rathaus, Reichsgericht waren fertiggestellt und zu modernen Wahrzeichen geworden.

Eugen Schweiger informierte sich wahrscheinlich, was in der Messemetropole angesagt war: Gerade haben »die Brauereien die Verhandlungen mit den Gastwirten abgebrochen«. Bier drohte fürderhin knapp zu werden. Die Sonne ging um 7.10 Uhr unter, da ist Eugen Schweiger in Leipzig noch gar nicht angekommen. Im Neuen Theater am Augustusplatz stand *Der fliegende Holländer* auf dem Spielplan, im Alten Theater am Fleischerplatz (Richard-Wagner-Platz) *Wiener Blut*, im Operettentheater am Thomasring *Frauenherz*. In den Vereinigten Leipziger Schauspielhäusern Sophienstraße (Shakespearestraße) saß man *Im Café Noblesse*. Das Sommertheater in *Drei Linden* zeigte in *Benefiz für Frl. H. Böhm* den *Rosenmontag*. Im Krystallpalast gab es *Das Bett*. Die Wetterprognose verhieß für den nächsten Tag

»mäßige südwestliche Winde, Abnahme der Bewölkung, wärmer, trocken«.

Ausgegangen ist Eugen Schweiger am 19. August 1909 nicht mehr. »Er kam in Leipzig nach 8 Uhr abends an und stieg im Hotel *Kaiserhof* (Georgi-Ring/Schützenstraße) ab. Er nahm ein Abendbrot in einem Restaurant, und da er sehr erschöpft war, legte er sich um 11 Uhr nieder, konnte aber wegen seiner großen Ermüdung nicht schlafen. Um 8 Uhr früh stand er auf, frühstückte im Hotel und besichtigte dann die Sehenswürdigkeiten der Stadt. Nachmittags um 2 aß er zu Mittag in einem Restaurant, wo er gegen seine Gewohnheit auch ein Krügel Bier trank. Nach dem Essen ging er in sein Hotel, ordnete sein Gepäck für die Abfahrt, und da der Zug, mit welchem er nach Dresden fahren wollte, erst um ¾5 Uhr abfuhr, wollte er seine Zwischenzeit von einer Stunde mit einem Spaziergange ausfüllen. Was nachher geschah, darüber hat er nur eine geringe Erinnerung.« Irgendwie muss sich Eugen Schweiger auf dem Augustusplatz befunden haben. Er sah das Museumsgebäude, vielleicht hatte ihm jemand die »berühmteste Bürgersammlung Deutschlands« auch empfohlen. Jedenfalls löste er eine Eintrittskarte, ging in die Ausstellungsräume, die Kunstwerke begucken.

»Bezüglich der Tat gibt er unter Seufzer und Händeringen vor, daß er eigentlich nicht wisse, wie die Sache vor sich ging, aber man hat es ihm schon so oft erzählt, dass er auf diese Weise einige Kenntnis von der Sache habe. Er erzählt, daß er an einem Freitage Nachmittags ¼4 Uhr in die Bildergalerie ging, welche bis 4 Uhr geöffnet war. Er fühlte große Mattigkeit und Hitze, da er den Rock anhatte, weil er schon reisefertig auf den Spaziergange ging. Er kann nicht genau sagen, ob er bei den Bildern oder bei den Sculpturwerken war, er kann sich dunkel erinnern, daß er in einen Saal ging, welcher menschenleer war, und in welchem viele Bilder waren. ›Ich weiß nicht wie und was ich tat‹ – sagte er seufzend. Er erinnert sich nur daran, daß ihn etwas antrieb, daß er das

Bild herunternehme, er hatte ein Gefühl, wie einer, der von einer Höhe herunterspringen will. Er erinnert sich nicht, wie er herunter ging, nur unten am Platze bemerkte er. Daß das Bild bei ihm sei.

Er konnte kaum glauben, daß er das Bild aus dem Museum forttrug. Jetzt lief er zurück, um das Bild zurückzubringen, soviel weiß er, daß er damals großen Seelenschmerz und starken Kopfschmerz hatte. Daran erinnert er sich nicht, daß der Diener in der Halle ihn angesprochen und ihm gefolgt wäre, aber er erinnert sich, daß der Diener am Fenster neben ihm stand und ihn frug, was er wolle, worauf er mechanisch antwortete, daß er den Katalog suche, und in der Gegenwart des Dieners das Bild auf den leeren Platz an die Wand hängte, von welchem er später erfuhr, daß es ein Rembrandt-Bild war. Der Diener aber nahm das Bild herunter, und er wurde verhaftet.«

2009 wurde das *Das Portrait eines Mannes* für 23,5 Millionen Euro ersteigert. Entscheidend für den sehr hohen Auktionserlös war der Name seines Schöpfers: Rembrandt Harmenszoon van Rijn. Er »ist vielleicht der eigenartigste unter den großen Malern; ohne wissenschaftliche Vorbildung, ohne große Anleitung erreichte er eine außerordentliche Höhe. Seine Stoffe sind meistens dem heimatlichen Leben entlehnt. Die derbste Figur im Volke gibt ihm Anlaß zum Studium und gewinnt unter seiner Hand einen packenden Ausdruck charakteristischer Wirklichkeit, der durch einen poetischen Hauch verklärt wird«, schwärmte 1907 Meyers Lexikon.

»Das Gebiet, auf dem Rembrandt am größten, ja unübertroffen dasteht, ist das Portrait; keiner vor ihm verstand es, den menschlichen Kopf ein so individuelles Gepräge zu verleihen und so viel malerisches Interesse abzugewinnen. Meisterhafte Werke dieser Art befinden sich in der Eremitage zu Petersburg, in den Museen von Berlin, Kassel, Dresden, Wien und London sowie in englischem und französischem

Privatbesitz. Rembrandt malte oft interessante Modelle in allen möglichen Stellungen und Kostümen, vorzugsweise Köpfe alter Männer, Juden mit buschigem Haupt- und Barthaar. Eine besondere Vorliebe hatte er für die Darstellung seines eigenen Portraits; wir besitzen von ihm 60 Selbstbildnisse, die uns sein Aussehen von etwa seinem 20. Lebensjahr bis kurz vor seinem Tode vergegenwärtigen.«

Von diesem Weltkünstler präsentierte auch das Leipziger Bildermuseum stolz eine Zeichnung und ein Selbstportrait. Dieser Kopf »gehörte zu einer kleineren Sammlung holländischer Malerei, welche im 18. Jahrhundert der Kaufmann Ernst Peter Otto (1724-1799) erworben hatte und die durch seinen Großneffen Gustav Moritz Clauß (1796–1871) im Jahr 1861 der Stadt gestiftet wurde«. Aufgrund der Schenkung gibt es keinen Kaufpreis, den man nennen könnte, geschätzt wurde das Bildnis 1909 auf annähernd 30.000 Mark. Zum Vergleich: Für ein Bier bezahlte man in jener Zeit 12 Pfennige, ein Ei kostete 7.

»Als das Bild 1861 ins Museum kam, galt es noch als ein Selbstbildnis des großen Rembrandt (1606–1669), was man aufgrund der heute besseren Kenntnis seiner Werke nicht mehr annimmt. Durch die dendrologische Untersuchung des Holzes wissen wir, dass das Fälldatum des Baumes um 1640 gelegen hat, so dass das Bild zwischen 1645 und 1650 entstanden sein muss. Rembrandt sah zu diesem Zeitpunkt älter aus als das Portrait ihn zeigt, was den Schluss nahelegt, dass der Maler sich an einem älteren Vorbild orientiert hat. Das Gesicht ist durch den Schlagschatten des Baretts halb verdunkelt, wodurch die Persönlichkeit des Portraitierten etwas Rätselhaftes erhält. Die Handschrift ist eigenwillig und skizzenhaft. Wahrscheinlich ist, dass das Bild unter unmittelbarer Aufsicht des Meisters geschaffen wurde und somit ein spannendes Zeugnis seiner Werkstattpraxis darstellt. Derartige Portraits konnten schon im 17. Jahrhundert als vermeintliche Selbstbildnisse auf dem Kunstmarkt gehandelt worden sein.«

Später wurde das Gemälde einem der besten Rembrandt-Schüler zugeschrieben. Carel Fabritius (1622–1654) »kann als der bedeutendste Maler betrachtet werden, der aus dem Kreis von Rembrandt hervortrat. Er erreichte bereits mit seinen frühen Werken eine Meisterschaft, die der seines Vorbildes kaum nachstand. Viele dieser frühen Arbeiten galten nicht umsonst lange Zeit als eigenhändige Werke Rembrandts. Im Laufe der Zeit gelang es Carel jedoch, im Gegensatz zu den meisten anderen Malern des Rembrandtkreises, sich von diesem Vorbild zu lösen. Er setzte sich intensiv mit Fragen des Kolorits und der Perspektive auseinander. Er löste sich vom vorherrschenden Dunkel der Rembrandtschule und setzte auf hellere und freundlichere Farben, die vor allem in den Hintergründen seiner Bilder vorherrschten.« Fabritius kam durch den »Delfter Donnerschlag« am 12. Oktober 1654 ums Leben. Bei der Explosion des Pulverturmes starben mehr als 1200 Menschen.

Aber auch die Urheberschaft von Carel Fabritius bleibt umstritten, da das Gemälde keine Signatur besitzt. Sicher ist, das Bild zeigt den Meister lebensecht. Sicher ist, es wurde zu Rembrandts Lebzeiten gemalt. Sicher ist, das Gemälde besitzt hohen künstlerischen und hohen ideellen Wert.

Sicher ist, Eugen Schweiger hat es am 19. August 1909 entwendet und dann reumütig zurückgebracht. »Ich gebe zu, im hiesigen Museum am Freitag nachmittag ein kleines Gemälde, Rembrandt Selbstbildnis, weggenommen zu haben«, sagte er sofort zu den ihn verhaftenden Beamten. An die eigentliche Straftat wollte oder konnte er sich nicht mehr erinnern. Die Polizei war konsterniert, aber die Tatsachen waren nicht zu bezweifeln. Eugen Schweiger saß in der Untersuchungshaftanstalt. Die polizeilichen Ermittlungen waren abgeschlossen. In Budapest ergriff der Vater vorm anstehenden Prozess die Initiative.

Die Staatsanwaltschaft formulierte bereits die »Anklageschrift in der Strafsache beim königlichen Landgericht gegen den am 23. Oktober 1876 in Budapest geborenen, unbestraften Bankbeamten Eugen Schweiger hier in Untersuchungshaft. Nach den Erörterungen ist folgendes dringend beanzeigt:

Am 20. August befand sich der Beschuldigte auf der Durchreise in Leipzig, er hatte fünf Wochen Urlaub in einem holländischen Seebade verlebt und wollte in seine Heimat zurückkehren. Er besuchte das städtische Museum für bildende Künste und nahm ein an der Wand mittels einer Schraube befestigtes Selbstbildnis Rembrandts im Werte von etwa 30.000 M bewußt für Recht, um es dem Eigentümer – der Stadt Leipzig – dauernd zu entziehen, um selbst eigentümerisch darüber zu verfügen, an sich. Zudem er es unter seinem Mantel verbarg, gelang es ihm, das Museumsgebäude zu verlassen, ohne von einem der Aufseher angehalten zu werden. Er erreichte mit seiner Beute den Augustusplatz und ging auf ihm etwa 10 Minuten lang umher. Dann faßte er den Entschluß, das Bild heimlich in das Museum zurückzuschaffen. Dabei wurde er jedoch gefaßt.

Diesen Tatbestand gibt der Beschuldigte zu. Wenn er geltend macht, er wisse nicht, wie es dazu gekommen die Tat auszuführen, er müsse in einer Anwandlung von Unzurechnungsfähigkeit gehandelt haben, so ist diesen Behauptungen keinerlei Wert beizumessen. Der Umstand, daß er zur Tat verschritt, als der Aufseher den Saal, in dem das Bild hing, für einen Augenblick verlassen hatte, in Verbindung mit der weiteren Tatsache, daß er das Bild nicht einfach von der Wand weggenommen, sondern um das tun zu können, erst mittels eines Werkzeugs – einer Nagelfeile – losgeschraubt hat, beweist, daß er mit großer Überlegung und Verschlagenheit zu Werke gegangen ist. Überdies hat er eine klare Erinnerung an die Ausführung der Tat und hierdurch wird seinem Vorbringen, er habe in einem Zustand augenblicklicher Störung der Geistestätigkeit gehandelt, durch den seine freie Willensentscheidung ausgeschlossen sei (§ 51 StGB), der Boden entzogen. § 46 Ziff. 2 StGB schlägt nicht ein, weil die Tat bis zur Vollendung vorgeschritten war.

Der Beschuldigte ist dringend verdächtig und wird angeklagt: Am 20. August 1909 zu Leipzig eine fremde bewegliche Sache eines anderen in der Absicht, sich diese rechtswidrig zuzueignen, weggenommen zu haben. Vorgesehene nach § 242 StGB Beweismittel sind bei dem zu erwartenden Geständnisse entbehrlich. Ich beantrage, gegen Schweiger das Hauptverfahren vor dem königlichen Landgericht, Strafkammer C. zu eröffnen und zur Haftfortdauer zu verfügen.

Leipzig, den 27. August 1909
Der königl. Staatsanwalt«

Eugens Vater, der Advokat a. D. Dr. Wilhelm Schweiger, war im Bankengeschäft tätig und spekulierte an der Budapester Börse. Er und seine Familie waren gut situiert, gehörten zum Establishment. Dr. Schweiger war erschüttert vom Vorfall in der Leipziger Gemäldegalerie und vom Verhalten seines Sohnes. Er beauftragte vor Ort die Bürogemeinschaft der Rechtsanwälte von Justizrat Dr. Drucker, Dr. M. Drucker und Dr. Eckstein, Ritterstraße 1–3, die Verhandlungen zu führen, damit man dem Sohne die unangenehme Untersuchungshaft erspare. Gegen festzusetzende Kaution würde der besorgte Vater seinen Sohn Eugen gern wieder in der Heimat wissen, zum Prozessgeschehen wäre der Übeltäter selbstverständlich wieder vor Ort.

Angesichts des labilen psychischen Zustands des Gefangenen gab man dem Ersuchen des besorgten Vaters statt und bat, dass »der Angeklagte nach ärztlichem Gutachten in einer geeigneten Anstalt beobachtet werden« solle.

Möglicherweise würden sich ja für seine Straftat in der Verhandlung anzuführende mildernde Umstände ergeben, denn auch die Ankläger hatten Zweifel an der Rationalität von Eugen Schweigers Handlung: Rembrandt stehlen und wieder an den Tatort bringen, war mit logischem Verhalten kaum erklärbar. Die Kaution legte die Gerichtsbehörde mit dem Wert des geraubten Bildes fest: 30.000 Mark. Die Summe wurde vom Advokat a. D. Schweiger sofort bei der Staatskasse in Dresden hinterlegt. Sohn Eugen fuhr nach Hause zu Vater und Familie.

Am 5. November 1909 eine erste Zusammenfassung der aus Budapest angelangten medizinischen Berichte: »Die Anregung, daß der Angeklagte in einer geeigneten Anstalt beobachtet werden solle, ist bei der durch Gerichtsbeschluß angeordneten Untersuchung des Angeklagten durch den Herrn Gerichtsarzt gegeben worden. Die Beobachtung in der Anstalt ist, wie aus dem Gutachten hervorgeht, offenbar sehr eingehend gewesen und bei den amtlichen Funktionen der Unterzeichner des Gutachtens wird auch in der Zuverlässigkeit ihrer Ausführungen kein Zweifel gesetzt werden können. Um aber das Gutachten zum Prozeßstoff zu machen, erscheint es notwendig und wird daher hiermit beantragt, durch Ersuchen des zuständigen Gerichts in Budapest die Herren Professor Dr. Karl Schaffer, Dr. Edmund von Németh und Hofrat Dr. Otto Schwartzer von Babarcz, deren Erscheinen in der Hauptverhandlung vor dem erkennenden Gerichte bei der großen Entfernung ihres Aufenthaltsortes beschwert sein würde, als Zeugen und Sachverständige darüber zu vernehmen, dass sie den Angeklagten seit dem 5. Oktober 1909 in der Anstalt des Dr. Otto Schwartzer von Babarcz, wo der Angeklagte noch heute interniert ist, untersucht, und dabei die in dem Gutachten angeführten Beobachtungen gemacht haben und daß sie zu dem Ergebnisse gekommen sind und bei ihm stehen bleiben, daß der Angeklagte zur Zeit der Tat sich in einem Zustande krankhafter Störung seiner Geistestätigkeit befunden hat, durch den seine freie Willensbestimmung ausgeschlossen war.«

Es folgen der »Aerztlich-Sachverständige Befund und Gutachten über den Geisteszustand des Eugen Schweiger« und seiner Familie.

Der zu untersuchende Patient – »dessen Identität wir aufgrund des Stammbuches der Schwartzerischen Geistes- und Nervenheilanstalt festgestellt haben – ist 33 Jahre alt, geboren in Budapest, ledig, Bankbeamter. Sein Großvater mütterlicherseits litt an einer schweren Nervenkrankheit und wurde deswegen in eine Nervenheilanstalt neben Wien gebracht. Die Schwester seiner Mutter leidet an hysteria gravis (schwere Hysterie), die andere Schwester ist ebenfalls nervös, ein Sohn der letzteren litt jahrelang an Neurasthenie (Nervenleiden). Die Mutter seines Vaters war taub. Seine Eltern sind am Leben. Seine Mutter ist von außerordentlich empfindlicher, nervöser, reizbarer Natur und von sehr labiler Gemütsstimmung; sein Vater ist zu leidenschaftlichen Ausbrüchen geneigt. Unter seinen 4 Geschwistern sind 2 nervös.

Er selbst überstand zweimal die Masern. An Epilepsi, Syphillis litt er nie. Vor 9 Jahren hat ihn ein jüngerer Bruder aus Zufall mit dem Korbe eines Säbels so auf den Kopf geschlagen, daß er das Bewußtsein auf mehrere Minuten verlor; vor drei Jahren ist er während des Trabens vom Pferde gestürzt, bei welcher Gelegenheit er rücklings fiel und mit dem Kopfe zu einem Holzgeländer geschleudert wurde. Er verlor auch bei dieser Gelegenheit das Bewußtsein und lag zwei Tage lang krank im Bette. Er ist seit 8 Jahren nervös und erregbar, das kleinste Geräusch kränkt ihn, und einzelne, die Zimmereinrichtung und Beleuchtung betreffende Vorkehrungen seines Vaters bringen ihn in solch einen Affekt, daß er schon das Elternhaus verlassen wollte.

Er wurde im Elternhaus erzogen, absolvierte 4 Elementar- und 4 Realklassen. Dann war er Hörer des dreijährigen Kurses der Handelsakademie und bestand das Abiturexamen. Anfangs lernte er gut, aber auf der Akademie ging ihm das Lernen schon schwerer. Im Jahre 1894 erhielt er eine

Anstellung bei der ungarischen Escompte- (Rabatt-) und Wechslerbank in Budapest als Praktikant und avancierte da stufenweise, bis er endlich Chef der Safe-Deposit-Abteilung wurde. Als Soldat diente er im elften Husaren-Regimente als Einjährig-Freiwilliger, bestand die Officiers-Prüfung, wurde, nach Ablauf des Freiwilligen-Jahres sofort zum Reserve-Lieutenant ernannt. Er genoss nur selten Spirituosen, denn seit seinen Kopfverletzungen ist er gegen Alkohol intolerant, er wurde schon nach Genuß von geringer Qualität (1 Glas Wein oder Bier) betäubt, benebelt, niedergeschlagen, und das Denken fiel ihm schwer. Bestraft war er nie. In den letzteren Jahren wurde er labiler Gemütsstimmung, manchmal zeigte sich bei ihm unmotivierte Depression, manchmal tanzte er wieder Cake-Walk und Cancan. In den letzten Jahren steigerte sich seine Nervosität in großem Maße; jedes mißverstandene Wort oder Bewegung seiner Angehörigen löste bei ihm eine an Verzweiflung grenzende Verstimmung und unmotivierte rohe Ausbrüche aus …

Eugen Schweiger ist 165 cm hoch, ein körperlich gut entwickelter und genährter Mann von braunem Haupthaare. Sein Schädel ist hydrocephalisch-rachitisch, nach rückwärts sich verbreitend; die Stirn sehr hoch, nach rückwärts fliehend, die Parietaltubera (Seitenhöcker des Schädelknochens) stark prominent, das Occiput (der Hinterkopf) treppenförmig. Die Mitte des Schädeldaches ist für mäßigen Druck empfindlich. Augenäpfel hervorspringend, Augen neuropathisch, Sklera (Lederhaut des Auges) bläulich, Iris grünlich-grau, rechte Pupille oval, zeitweilig weiter als die linke. Beide Pupillen reagieren gut auf Licht und Accomodation (Nah- und Ferneinstellung). In der Zunge und in den Gesichtsmuskeln fibrilläre (einzelne Muskel-)Zuckungen. Das Antlitz ist gegen den Schädel klein, schmal, die Nase verlängert. Zittern in den ausgestreckten Händen. Kniereflexe an beiden Seiten gesteigert. Vegetative Organe normal. In der Mitte der Wirbelsäule befindet sich ein handtellergroßer überempfindlicher Fleck. Beide Gesichtsfelder stark erweitert (Grenzen: von außen über 90° C, von innen bei 70° C). Retina und nervus acusticus zeigen Hyperämie (starke Durchblutung). Auf geringe Geräusche zuckt er zusammen und zittert am ganzen Körper. Er klagt oft über Taubsein einzelner Körperteile und über einseitigen Kopfschmerz, wobei sein Gesicht errötet oder erblaßt. Die vasomotorische (Gefäßnerven betreffend) Reflexerregbarkeit ist eine gesteigerte. Mit geschlossenem Auge schwankt er nicht, aber seine Augenlider zittern. Seine Körperhaltung ist eine gerade, sein Gang sicher.

Er gibt viel auf sein Äußeres, wechselt oft seine Kleidung, putzt sich und verrät einen gigerlhaften Zug. Seine Gemütsstimmung ist sehr labil, gerät leicht in Ekstase. Er faßt die an ihn gerichteten Fragen gut auf und beantwortet dieselben bereitwillig nach seinem besten Können. Seine Alltagskenntnisse entsprechen seiner Schulung, auch sind seine ethischen Begriffe entwickelt. Ort und Zeit bezeichnet er gut. Obwohl er viel gereist ist, verrät er in der Beurteilung der Dinge eine gewisse Oberflächlichkeit, zum Zeichen dessen, daß er nicht im Stande ist, seine Kenntnisse und Erfahrungen gehörig zu verwerten. Seine Denkungsweise ist wenig discipliniert. Er richtet sich mehr nach Äußerlichkeiten, hat für den inneren Wert der Dinge geringen Sinn; daher erscheint sein allgemeines Wissen mosaikartig und oberflächlich. Er interessiert sich für wissenschaftliche und überhaupt für ernste Sachen nicht, interessiert sich zumeist für leichte Lektüre, kultiviert mit Vorliebe Tanz; war im Stande, in einem Winter an 60 bis 80 Bällen teilzunehmen. Er ist heterosexuell, aber nur perverse Betätigungen lösten bei ihm die Libido aus.

Er erzählt, daß er im Sommer des laufenden Jahres wegen seiner Nervosität Sonnen- und Seebäder benützte. Er reiste am 16ten Juli von Budapest ab. Unterwegs verbrachte er in Wien und Salzburg je einen Tag, in München

5 Tage, in Zürich einen Tag, dann besichtigte er in 8 Tagen die Sehenswürdigkeiten von Paris, was sein auch sonst geschwächtes Nervenkostüm sehr erschöpfte. Dann ging er nach Ostende, wo er einer französischen Bekannten begegnete, mit welcher er durch 12–13 Tage (solange er sich dort aufhielt), pro Tag mindestens einmal den Geschlechtsverkehr ausübte, davon auch dreimal in perverser Art (französische Methode, cunninglingvere, irrumare) schwelgte. Dies erschöpfte ihn so sehr, daß er – um dem Verhältnis ein Ende zu machen – nach Scheweningen eilte, von wo er nach 9–10 tägigem Aufenthalte nach Hause reiste, um sein Amt wieder anzutreten.

Seine Erinnerung auf die Zeit der geklagten Handlung ist lückenhaft, teilweise fehlt sie gänzlich. Hallucinationen, Illusionen und Wahnideen sind bei ihm nicht wahrzunehmen.« Vielmehr bestätigte man Eugen Schweiger gute Erziehung und strategisches Handeln. Nur der Raub des Rembrandt-Bildes zeugte von schierer Kopflosigkeit. Schweigers Reaktion war ungeplant und schien situationsgetrieben. Er schraubte das Bild offensichtlich mit Vorsatz von der Wand, obwohl er den wirklichen Wert des Gemäldes gar nicht einzuschätzen wusste. Bereicherung als Motiv schied aus. Beim Nachdenken über seine Tat und deren Folgen schickte er das Raubgut dann nicht mit einem Dienstmann oder mit der Post zurück, nein, er schaffte es persönlich wieder hin in den Raum des Diebstahls. Bei der Entdeckung der Tat wollte er das Bild trotz allem wieder an den angestammten Platz hängen, als hätte er damit sein Handeln ungeschehen machen können. Erklärbar war das alles auch für Psychologen nicht.

So »ist aufgrund der zur Verfügung stehenden Daten sicherlich zu folgern, daß Eugen Schweiger – der ein hereditär (von Geburt an) belastetes, degeneriertes, an Hysterie leidendes, geistig minderwertiges, also zweifelsohne ein pathologisches Individuum ist – zur Zeit der ihm zur Last gelegtes kriminellen Handlung an einer krankhaften Störung seiner Geistestätigkeit litt, somit im Besitze seiner freien Willensentscheidung nicht war.«

Es scheint, dass Dr. Wilhelm Schweiger mit allen Mitteln für die Freiheit seines Sohnes gekämpft und dafür fatale Beurteilungen medizinischer Experten akzeptiert hat. Wortwahl und Argumentation der Gutachten scheinen faschistischer Rassentheorie zu entstammen und nehmen den Sprachgebrauch des »Dritten Reiches« vorweg.

Aufgrund der erstellten Diagnose sei eine weitere Beobachtung Eugen Schweigers unbedingt notwendig, meinen abschließend die Psychiater. Damit war der Strafprozess in Leipzig zunächst nicht möglich. Der Haftbefehl wurde neu gestellt, weitere Gutachten in Auftrag gegeben. Die Leipziger Staatsanwaltschaft suchte Gegenargumente, die die Gerichtsverhandlung doch stattfinden ließe.

In Budapest derweil stellte man Eugen Schweiger unter die Vormundschaft des Vaters. Aufgrund des Gesundheitszustands Wilhelm Schweigers verboten Ärzte seine Reise nach Deutschland. Prozessverschleppung meinten die Leipziger Juristen, legten den Fall Schweiger/Rembrandt jedoch noch nicht zu den Akten.

Die ungarischen Mediziner schrieben am 24. Januar 1911 und bekräftigten ihre gestellte Diagnose: »Die Wertung des Untersuchungsergebnisse, sowie der verschiedenen über ihn ausgestellten Sachverständigen-Gutachten, bringt die Gefertigten zu der entschiedenen Ansicht, daß Eugen Schweiger ein hereditär stark belastetes, degeneriertes, geistig minderwertiges, hysterisches und auch imbezilles (geistig behindertes) Individuum ist, welches die inkriminierten Handlung als Ausfluß seiner geistigen Minderwertigkeit beging, und für welche er wegen seines pathologischen körperlichen und psychischen Zustandes nicht zur Verantwortung gezogen werden kann.

Dieser Zustand besteht auch heute in unverändertem

Maße, sein überaus reaktiv veranlagtes Nervensystem reagiert auf jeden unangenehmen äußeren Reiz in heftigster Weise, wodurch eine Störung des seelischen Gleichgewichts verursacht wird, und es ist somit zu befürchten, daß bei abermaligem Einwirken von Aufregungen auf dieses angeboren minderwertige und schwache Nervensystem eine neuerliche Verschlimmerung seines Zustandes eintritt und daß sich im Anschlusse solche Erregungen bei Eugen Schweiger, welcher bereits infolge von Aufregungen psychotisch war, eine neuerliche geistige Erkrankung entwickeln würde, welche dann keine weitere Aussicht auf Heilung bietet.

Vom psychiatrischen Standpunkte ist es daher unbedingt nötig, daß Eugen Schweiger vor jederlei Aufregung behütet werde, er somit neuerlichen Verhören nicht unterzogen werden darf, weil solche vielfache Aufregungen sein Nervensystem vollkommen untergraben und zerrütten kann.«

Die Leipziger Staatsanwaltschaft übergab Gutachten und Akten dem Hirnforscher und »Vater der Neuroanatomie«, dem »Königl. Sächs. Geheimen Rat Prof. Dr. Paul Flechsig« (1847–1929), und bat im Fall Eugen Schweiger um seine wissenschaftliche Stellungnahme.

Paul Flechsig antwortete am 3. Mai 1911: »Da manches für die Auffassung des Diebstahls als Triebhandlung spricht, können zwar gewisse Zweifel erhoben werden, ob bei der Ausführung desselben vollkommen freie Willensbestimmung vorhanden war. Eine wirkliche Ausschließung der letzteren aber im Sinne des §51 StGB ist nicht mit Sicherheit zu beweisen.« Die Kosten für Schreibgebühren von 4,88 Mark stellte der Professor dem Landgericht Leipzig in Rechnung.

Erneut wurde ein Haftbefehl von der Staatsanwaltschaft unterschrieben, denn es bestanden ihrer Meinung nach sowohl Tat- als auch ein Fluchtverdacht. Schweigers Anwälte legten dagegen Beschwerde ein, vor allem zweifelten sie das

Gutachten Professor Flechsigs an, da er dieses »nicht nach Inaugenscheinnahme des Patienten« erstellte. Nach ihrer Meinung lagen die Fakten klar und offen. Fortan solle das Gericht auch die eventuell »anfallenden weiteren Kosten« übernehmen. »Der Familie des Beschuldigten wird nicht angesonnen werden können, nach dieser Richtung noch weitere Kosten aufzuwenden, nachdem die eingehend begründeten Gutachten der ersten ungarischen Kapazitäten so wenig Beachtung gefunden haben.« Nichtsdestotrotz – nächste Gutachten folgten und mehr.

Der Staatsanwalt bat um Mithilfe. Daraufhin »berichtet ein ungarischer Kriminalexpedient auf das Ersuchungsschreiben des K. S. Landgerichtes zu Leipzig über die vertraulich durchgeführte Untersuchung: E. S., Israelit, wohnt bei Vater, hilft ihm im Börsengeschäft, ›denn nach seiner erfolgten Entlassung aus der Bank hat er keine Stellung angenommen. Er führt einen sehr soliden, nüchternen, zurückgezogenen und sehr abgeschiedenen Lebenswandel und verkehrt nur mit seinen Angehörigen ... Was endlich seine Zurechnungsfähigkeit anlangt, ist anzunehmen, daß er gegenwärtig mit vollem Bewußtsein handelt (darüber vollständig im Klaren ist, was er tut), denn er geht täglich im Auftrage seines Vaters auf die Börse und disponiert dort selbständig, trotzdem er jetzt noch außerordentlich nervös ist.‹«

Jährlich im Januar stellten die Anklagevertreter ein Auslieferungsersuchen an die ungarische Justiz. Ebenso regelmäßig antworteten die Psychiater: prozeßunfähig. Auch wenn Budapester Zeugen über den »völlig normalen Zustand« Eugen Schweigers berichteten. »Er zeigt keine ungewöhnliche Nervosität oder sonstige Besonderheiten.« Den »Vorladungen zur Untersuchung in Leipzig wurde nicht Folge geleistet«.

Entnervt setzte man die Hauptverhandlung an, Termin am Landgericht war der 20. März 1917. »Dem kann nicht Folge geleistet werden, da Eugen Schweiger den Gestellungsbefehl erhielt.« Daraufhin berichtet der Staatspolizist Stephan Todt am 13. März nach Leipzig, »daß E. S. zum Militär nicht eingezogen ist«. Auch »ist der Verdächtige nicht vorbestraft und ein ungarisches Ermittlungsverfahren schwebt nicht«. Offensichtlich kämpften beide Seiten mit Finten und mit allen Argumenten.

Am 13. Dezember 1917 erklärte man »in der Strafsache gegen den Bankbeamten Eugen Schweiger, wohnhaft in Budapest, wegen Diebstahls wird die für ihn von seinem Vater, dem Advokaten a. D. Dr. Wilhelm Schweiger in Budapest, aufgrund des Beschlusses vom 31. August 1909 Bl. 21 act. hinterlegte, in der Hauptsache in Nom. 30.300 M 3½% K. S. Staatsanleihe angelegte Sicherheit in Höhe von 30.000 M als der Staatskasse verfallen«. Der des Diebstahls »Angeklagte ist in Leipzig nicht erschienen«.

Trotzdem gab die Staatsanwaltschaft den Prozess noch nicht verloren. Der von Eugen Schweiger »bzw. seinem Vater vorgebrachte Einwand, daß er nicht böswillig der gerichtlichen Aufforderung nicht Folge geleistet habe, weil er in seiner Heimat wegen Geisteskrankheit entmündigt worden sei und ihm in seiner Heimat die Ausstellung eines Passes wegen seiner Militärdienstpflicht verweigert werde, ist unbeachtlich bzw. unbegründet. Der Vater kann ihn aufgrund seiner schlechten Gesundheit nicht begleiten, so ist dem entgegenzuhalten, daß ihm anheimgestellt bleibe, einen anderen Reisebegleiter sich auszuwählen.«

Die Anwaltskanzlei von Justizrat Dr. Drucker, Dr. M. Drucker und Dr. Eckstein legten am 19. Januar 1918 sofortige Beschwerde gegen den Einbehalt der Kaution von 30.000 Mark ein. Am 19. Februar ziehen sie diese Beschwerde zurück. Ob beide Seiten darüber verhandelten, bleibt ungewiss.

Fakt ist: am 11. Mai 1918 wurde das Kautionsvermögen der Landeskasse gutgeschrieben. Doch wurde das Strafverfahren gegen Eugen Schweiger wegen Verjährung erst am 1. März 1923 endgültig eingestellt.

Das Rembrandt-Bildnis blieb im Besitz des Leipziger Museums für bildende Künste, nur wurde es dem Publikum entzogen. Es ist an der Zeit, es wieder auszustellen, das Corpus Delicti vom kürzesten Bilderdiebstahl der Kriminalgeschichte.

4. Februar 1988: Frühromantischer Dreiteiler

> Jeder trägt das Gesetz von Recht und Unrecht in sich.
> Sein Gewissen sagt ihm: dieses zu tun, jenes zu lassen.
>
> Caspar David Friedrich

»Urteil im Namen des Volkes! In der Strafsache gegen

1. den beschäftigungslosen Mario Geese, wohnh. Wilhelm-Pieck-Straße 34, Jena, 6902, seit dem 22.12.1988 in U-Haft, und

2. den Brückenkranfahrer Per-Uwe Wilhelm Hamann, geb. Dietrich, wohnh. Block 399, Haus 1, Halle Neustadt, 4090, seit dem 11.10.1988 in anderer Sache in Strafhaft wegen Diebstahls sozialistischen Eigentums im schweren Fall u. a.

hat der 3. Strafsenat des Bezirksgerichts Leipzig in der Hauptverhandlung vom 29.6., 3.7., 4.7. und 10.7.1989 für Recht erkannt:

1. Der Angeklagte Geese wird wegen Diebstahls sozialistischen Eigentums im schweren Fall in der Tateinheit mit anderer Weise schädigender Einwirkung auf Kulturgut der Deutschen Demokratischen Republik im schweren Fall und wegen Vorbereitung zur Ausfuhr von Kulturgut der Deutschen Demokratischen Republik entgegen den Rechtsvorschriften im schweren Fall (Verbrechen gemäß §§ 158 Absatz 1, 162 Absatz 1 Ziffer 1 StGB, § 12 Absatz 1, Absatz 3 Ziffer 1, Absatz 5 Kulturgutschutzgesetz), begangen unter den strafverschärfenden Bedingungen des Rückfalls gemäß § 44 Absatz 2 StGB, zu einer Freiheitsstrafe von zwölf Jahren verurteilt.

2. Der Angeklagte Hamann wird wegen Beihilfe zum Diebstahl sozialistischen Eigentums im schweren Fall in Tat-

einheit mit Beihilfe zur in andrer Weise schädigender Einwirkung auf Kulturgut der Deutschen Demokratischen Republik im schweren Fall (Verbrechen gemäß §§ 158 Absatz 1, 162 Absatz 1 Ziffer 1 StGB, § 12 Absatz 1, Absatz 3 Ziffer 1 Kulturgutschutzgesetz), begangen unter den strafverschärfenden Bedingungen des Rückfalls gemäß § 44 Absatz 2 StGB, zu einer Freiheitsstrafe von vier Jahren verurteilt.

3. Zusätzlich wird gegen die Angeklagten Geese und Hamann auf staatliche Kontrollmaßnahmen durch die Deutsche Volkspolizei gemäß § 48 Absatz 1 Ziffer 1 und 2 StGB erkannt.

4. Die Auslagen des Verfahrens haben die Angeklagten zu tragen.

Rechtskräftig: 10. August 1989.«

Peter Schamonis Spielfilm *Caspar David Friedrich – Grenzen der Zeit* löste mit seiner Premiere im Herbst 1986 ein Revival der Romantik aus. Die westdeutsche Produktion entstand in Zusammenarbeit mit der DEFA. Stars dies- und jenseits der Mauer wirkten mit, u. a. Sabine Sinjen, Rolf Hoppe, Helmut Griem, Wolfgang Greese, Oliver Korittke.

»Dem Regisseur ist es gelungen, stimmungsvoll jene Landschaften zu zeigen, die in den Gemälden Friedrichs wiederzufinden sind. Neben Rügen und Greifswald auch die ›Sächsische Schweiz‹, wohin der Maler immer wieder von Dresden aus reiste. Der Film wurde mit dem Prädikat ›Besonders wertvoll‹ ausgezeichnet, erhielt 1987 den Bundesfilmpreis in Gold und beim Kunstfilmfestival in Montreal den 1. Preis.« Die Kritik zum Kunstwerk war gespalten: »Ein Porträt, das die Empfindungen anspricht und die zeitgeschichtlichen Hintergründe beleuchtet.« Andere sahen »eine schreckliche Schnitzeljagd durch Leben und Werk des Caspar David Friedrich«. Schamoni deutete die Fakten: »Intrigen und Arroganz seiner Zeitgenossen beeinflussten

Friedrichs Leben auf tragische Weise. Weil er die Grenzen seiner Zeit überschreiten wollte, wurde er von seinen Zeitgenossen, denen seine Bilder zu revolutionär erschienen, verkannt oder für verrückt erklärt.«

In Nachfolge widmeten Feuilleton und Essayistik Ende der achtziger Jahre dem Künstler Caspar David Friedrich (1774–1840) und der Zeit deutscher Romantik ihre Aufmerksamkeit. Maler wie Carl Gustav Carus, Johan Christian Clausen Dahl oder Ludwig Richter betrachtete man aus neuer Perspektive, sah keine künstlerische Weltflucht, sondern Kommentar zu den beengten Zeiten. Christa Wolf portraitierte Karoline von Günderrode: *Kein Ort. Nirgends* (1979). Von den Autoren romantischer Zeit wie Ludwig Tieck, Novalis, Friedrich de la Motte Fouqué erfolgten Nachauflagen, die gelesen wurden.

Investoren sahen die Gemälde jener Frühromantik nunmehr als gewinnversprechende Kapitalanlage. »Nachdem noch 1982 187.000 Englische Pfund auf Auktionen erzielt wurden, erbrachte eine der letzten Versteigerungen bereits 4,6 Millionen DM, so daß ein erheblicher Preisanstieg für Bilder des Romantikers Caspar David Friedrich (CDF) festzustellen ist. 1986 hatte das Kimbell Art Museum bei Christie's in London eine kleine Landschaft von CDF für 1 Million US-Dollar ersteigert.« Medial war der Hype begleitet worden.

»Der Mann saß mit dem Rücken zur Fernsehkamera, wollte seinen Namen nicht publik machen lassen und hatte wenig zu sagen. Zwar erinnerte er sich, eine gemalte ›Winterlandschaft mit Kirche‹ seit seiner Kindheit in Familienbesitz gesehen zu haben. Doch woher sie stamme, sei ihm unbekannt. Dieser geheimnisvolle Einsilbige, der vorletzten Sonntag in der ARD-Kultursendung ›Titel, Thesen, Temperamente‹ auftrat, ist Fürst Michael Bagration-Muchransky. 1920 als Nachfahr einer uralten georgischen Dynastie in Tiflis geboren. Seine Ahnen hatten schon vor 1.400 Jahren am

Kaukasus geherrscht und waren erst Anfang des 19. Jahrhunderts von den russischen Zaren verdrängt worden. Fürst Michael hingegen, Unesco-Angestellter im Ruhestand, residiert in Paris. Er sieht jetzt einer größeren Geldüberweisung entgegen. Denn anders als der flotte Fernsehbeitrag suggerierte, ist die ererbte ›Winterlandschaft‹ des Fürsten keineswegs als Muster von zweifelhaftem Wert entlarvt, sondern am vorigen Montag bei Christie's in Monaco als eigenhändiges Werk Caspar David Friedrichs für umgerechnet mehr als 4,5 Millionen Mark versteigert worden.«

Das Museum der bildenden Künste Leipzig besitzt eine sehenswerte Sammlung der deutschen Frühromantik u. a. mit den Gemälden *Hünengrab nahe Vordingborg im Winter* von Johan Christian Clausen Dahl (1788–1857), *Mühlental von Amalfi* von Carl Blechen (1798–1840), *Aufziehendes Gewitter am Schreckenstein* von Ludwig Richter (1803–1884). Von Caspar David Friedrich werden gezeigt: *Kreidefelsen auf Rügen*, *Die Lebensstufen* und *Friedhof im Schnee*.

Jener *Friedhof im Schnee* gelangte 1945 im Zuge der Bodenreform ins Museum der bildenden Künste. Seit 1996 ist das Bild Teil der Maximilian Speck von Sternburg Stiftung. »Zweck der Stiftung ist es, die Privatsammlung des Maximilian Freiherr Speck von Sternburg und seiner Erben in ihrer Einheit als bedeutende Gemäldesammlung eines Leipziger Bürgers und Kunstmäzens im Museum der bildenden Künste Leipzig zu erhalten, zu bewahren und zu erforschen sowie sie im Interesse der Förderung von Bildung und Erziehung in geeigneter Weise der Öffentlichkeit zugänglich zu machen.«

Das Gemälde »eines verschneiten Friedhofs ist das einzige datierte Werk Friedrichs. Die Jahreszahl ist deutlich auf dem größten der Holzkreuze zu erkennen, leider aber kein Name. Da es im selbst verfaßten Sammlungskatalog des Barons Speck von Sternburg 1826/27 erwähnt ist, wird angenommen, daß er es in Auftrag gegeben hatte. Es handelt sich dabei wahrscheinlich um ein kommemoratives (erinnerndes) Werk, doch ist nicht bekannt, zu wessen Gedenken es geschaffen wurde. Der verwitterte Zustand der Kreuze könnte als Hinweis auf einen alten und vergessenen Friedhof gesehen werden. Das frisch ausgehobene Grab im Vordergrund, an dem die Totengräber ihre Werkzeuge nur vorübergehend abgestellt haben, widerspricht jedoch dieser Annahme. Es scheint sich hier um das Sinnbild absoluter Hoffnungslosigkeit zu handeln. Die winterlichen Farben – Weiß, Grau, Braun und Schwarz – erzeugen eine kalte und trostlose Atmosphäre. Der Schnee und die Kälte haben jede Spur von Leben erlöschen lassen, der Boden ist festgefroren, die blätterlosen Zweige der Sträucher erinnern an die Dornenkrone Christi. Für Friedrich, der Schnee als ›die Essenz der höchsten Reinheit, wobei die Natur sich auf ein neues Leben vorbereitet‹, beschreibt, bedeutet er jedoch Erneuerung. Friedrich malte wiederholt Friedhofsszenen, ein melancholisches und ganz und gar romantisches Motiv, dessen Wahl Friedrichs anhaltende geistige und künstlerische Auseinandersetzung mit dem Tod anzeigt. ›Um ewig einst zu leben, muss man sich oft dem Tod ergeben‹ ist eine der bekanntesten Aussagen Friedrichs. Das Sterben, die Hoffnung auf Erlösung zum Ausdruck bringen zu können, durchzieht und prägt Friedrichs gesamtes Schaffen.« Die romantische Malerschule wurde 1988 in mehreren Räumen des Georgi-Dimitroff-Museums präsentiert.

»Anläßlich der Herbstmesse weilte der Angeklagte Geese 1987 in Leipzig. Bei dieser Gelegenheit besuchte er auch am Donnerstag, dem 10.9.1987, in der Zeit von 11.00 bis 13.00 Uhr das Museum der bildenden Künste, Georgi-Dimitroff-Platz 1, Leipzig 7010. Bei seinem Rundgang betrachtete er alles sehr gründlich, zunächst im Vorraum die Stiche und Grafiken, dann die Bilder in der Gemäldegalerie. Dabei fiel ihm auf, daß relativ wenig Wachkräfte die Räume beaufsichtigten, diese Aufgaben vorwiegend von älteren Frauen wahrgenommen wurden, vermeintliche Sicherungsanlagen fehlten, Kameras nicht installiert waren und in der Mittagszeit kaum Besucherverkehr herrschte. Beim Betrachten der Gemälde berührte der Angeklagte Keller ein solches und nahm es von der Wand ab. Danach ›testete‹ er das gleiche an dem Gemälde von Caspar David Friedrich *Friedhof im Schnee*, indem er es am Schmuckrahmen anfaßte.

All das weckte beim Angeklagten Geese den Gedanken, der sich später immer mehr verfestigte, aus dem Museum der bildenden Künste Leipzig Kunstgegenstände zu entwenden. Er begann, sich damit zu beschäftigen, wann er sich welches Bild am besten auf welche Art und Weise rechtswidrig zueignen könne. Der Angeklagte Geese entschloß sich für das Werk *Friedhof im Schnee* von Caspar David Friedrich, weil es ein handliches Format hatte, demzufolge einfach zu transportieren war und er es nach seinen schon getroffenen Feststellungen leicht und schnell von der an der Wand hängenden Grundplatte entfernen zu können glaubte. Er versprach sich beim Absatz des Gemäldes außerdem einen großen Gewinn, nachdem er aus einer Sendung des BRD-Fernsehens den Versteigerungserlös des Bildes *Winterlandschaft* von Caspar David Friedrich in Höhe von 4,5 Millionen D-Mark erfahren hatte.

Um eine sofortige Entdeckung des Diebstahls auszuschließen, erwog der Angeklagte Geese nach Ablösung des Originals vom Schmuckrahmen an dessen Stelle etwas anderes einzufügen und so den bloßen Sichteffekt zu erhalten. Zunächst dachte er an eine Reproduktion. Das scheiterte, weil ein Kunstdruck in den Originalmaßen 31 mal 25,3 cm im Handel nicht erhältlich war. Die Vorstellung, eine Reproduktion des Bildes *Hünengrab im Winter* von Johan Christian Clausen Dahl, das im Museum der bildenden Künste Leipzig dem Bild *Friedhof im Schnee* von Caspar David Friedrich gegenüber hing, zu wählen, verwarf er wieder.

Da auch die Bemühungen, das Bild aus dem Katalog des Museums, den er seit seinem Besuch im Herbst 1987 in Besitz hatte, abzumalen, scheiterten, reifte beim Angeklagten schließlich die Idee, eine Collage zu fertigen. Diesem Zweck sollten Kunstdrucke dienen, die in der farblichen Gestaltung etwa dem Gemälde von Caspar David Friedrich ähnelten und vergleichbare Motive, Landschaften oder Situationen beinhalteten.

Ende des Jahres 1987 suchte der Angeklagte Geese in Jena Schloßgasse 3/4 die Kunst- und Musikbuchhandlung Max-Reger-Haus auf und kaufte dort die Kunstdruckmappe des VEB Seemann-Verlag Leipzig *Malerei der deutschen Frühromantik. 3. Auflage 1987* (12 farbige Reproduktionen), u. a. mit den Abbildungen *Hünengrab im Winter* (1825) von Johan Christian Clausen Dahl (Tafel 10) und *Klosterruine im Riesengebirge* (um 1830/34) von Caspar David Friedrich (Bildtafel 9). Wenig später erwarb der Angeklagte Geese aus der Galerie am Markt in Weimar eine weitere Mappe des VEB Seemann-Verlages Leipzig (12 farbige Reproduktionen) mit Kunstdrucken von Ferdinand Oehme (2. Auflage 1983), worin sich u. a. die Abbildung der *Greifensteine im Sächsischen Erzgebirge* (1840) befand.

Noch vor Weihnachten 1987, an einem Montagnachmittag im Dezember, begann der Angeklagte Geese in der Wohnung Jena-Lobeda, Otto-Militzer-Str. 5, wo er seit kurzem mit seiner Freundin Astrid Schwochow lebte, mit der Anfertigung der Collage. Bei seiner Tätigkeit trug er stets beigefarbene Gummihandschuhe. Er wollte keine Spuren hinterlassen. Aus dem *Hünengrab im Winter* schnitt der Angeklagte Geese die gewünschte Fläche (18,5 x 25 cm) zur Gestaltung des Oberteils als Hauptmotiv, mit dem er eine Winterlandschaft mit Bäumen imitieren wollte. Das Mittelteil (5 x 25 cm) trennte er aus der *Klosterruine im Riesengebirge*. Er entnahm davon nur den Himmel, um damit in der Collage Schnee anzudeuten. Für die Darstellung von Ästen, Gestein und Laub im Unterteil der Collage benutzte er Ausschnitte aus dem Werk *Die Greifensteine im Sächsischen Erzgebirge* (7,5 x 25 cm). Aus weißem Zeichenkarton (A4) schnitt der Angeklagte Geese sodann nach den ihm aus dem Museumskatalog bekannten Maßen 31 x 25,3 cm die entsprechende Unterlage zurecht und klebte darauf mit Duosan-Rapid und, als dieser ausging, mit Zweikomponentenkleber die vorbereiteten Teile auf. Die fehlenden Kreuze, die beiden Spaten und einige Gräser als signifikante Merkmale des Originals des Friedrich-Bildes zeichnete der Angeklagte selbst mit braunem Faserstift auf die Reproduktionssegmente auf. Teile des Grases sowie Gerätestiele und Kreuze tönte er mit Graphitstift und schwarzem Fettstift zusätzlich nach, andere Grasteile zeichnete er nur mit Graphitstift. Auf die Rückseite der Collage am Rande des Zeichenkartons oben links schrieb der Angeklagte Geese mit braunem Faserschreiber abgekürzt ›Speck von Sternburg 1945‹ (1945 Sp. v. Stern.). Die Herkunft des Bildes aus dieser Sammlung war ihm durch entsprechende Literaturstudien bekannt geworden. Auf der vorderen Seite, am unteren Rand rechts fixierte der Angeklagte Geese mit braunem Filzstift (braune Faserschreibertinte) in großen Druckbuchstaben ›DREITEILER‹, um mit diesem Hinweis auf die drei Teile der Collage seinen ›Spaß‹ zu vervollkommnen. Letztlich wickelte der Angeklagte den etwa 15 cm langen Rest von einer in der Wohnung vorgefundenen blauen Rolle ›Ankerplast‹, trennte das Pflaster längsseitig durch und befestigte die beiden Hälften überstehend jeweils oben und unten an der Rückseite der Collage. Die freien Klebestreifen des etwa 3,5 cm breiten Pflasters überzog er mit Folie, um so zu verhindern, daß es beim Transport irgendwo hängen bleibt. Nach der Herstellung der Collage warf der Angeklagte Geese sämtliche Materialien (Pflasterrolle, Kleber, Stifte, restliche Kunstdrucke) in die Mülltonne vor dem Haus Jena, Otto-Militzer-Str. 5. Die fertige Collage versteckte er in der seiner Schwester Carmen gehörenden Anbauwand unter deren Schreibsachen. Die Schwester war vorübergehend aus der Wohnung Otto-Militzer-Str. 5 ausgezogen.

Zu den Vorbereitungen gehörten auch Überlegungen hinsichtlich der beim beabsichtigten Diebstahl zu tragenden Kleidung. Der Angeklagte Geese entschied sich für einen beigefarbenen Mantel aus kordähnlichem Stoff, bei dem er das Innenfutter in Höhe des Hosenbundes zum Transport der Collage und des später zu stehlenden Bildes auftrennte. Er machte einen 30 bis 40 cm langen Querschnitt in das Mantelfutter, hing dorthinein einen einfachen Einkaufsbeutel. Dessen Henkel trennte er ab und nähte an deren Stelle zwei 1 cm breite Gummibänder, und zwar so lang, daß er sie über die Schulter legen konnte. Die Beutelöffnung kam genau an den Mantelfutterschlitz zu hängen. Die Gummibänder zog er unter der Schulterpolsterung hindurch. Mit dem weiten Mantel wollte der Angeklagte außerdem die Figur ›etwas verstecken‹. Desweiteren beabsichtigte der Angeklagte Geese, eine Kordschildmütze und eine Brille zu tragen, mit dem Ziel, eine eventuell nach der Straftat zu erwartende Identifizierung zu erschweren. Er zog konkret die Ersatzbrille des Bruders seiner Freundin, Matthias Schwochow, in Erwägung, die er schon einmal ausgeliehen hatte. Es handelte sich um eine Brille mit schwarzem Metallgestell. Die Kleidungsstücke vervollständigen sollte eine weiße Kordhose, ein beigefarbenes Safari-Hemd, eine Krawatte aus Wollgeflecht und Lederhalbschuhe (Slipper).

Obwohl der Angeklagte Geese zunächst die Absicht hatte, sein Vorhaben allein umzusetzen und niemanden einzubeziehen, hielt er es schließlich für besser, jemanden mit der Absicherung der eigentlichen Wegnahmehandlung zu beauftragen. Seine Wahl fiel auf den Angeklagten Hamann. Der Angeklagte Geese wußte, daß der Angeklagte Hamann Geld gebrauchen konnte und für eine solche Sache zu haben war. Er schätzte den Angeklagten Hamann in diesem Zusammenhang als sehr zuverlässig ein. Bei einem Besuch in dessen Wohnung am Sonnabend, den 16.1.1988, Block 399 Haus 1, Halle Neustadt 4090, lud er den Angeklagten Hamann für den 30.1.1988 nach Jena ein, damit er mit ihm die Einzelheiten des geplanten Vorhabens besprechen konnte.

Am Sonnabend, den 30.1.1988, borgte sich der Angeklagte Hamann von seinem Bekannten Enrico Wagner dessen Motorrad und fuhr kurz nach Mittag vereinbarungsgemäß nach Jena, wo er gegen 14.00 Uhr in der vom Angeklagten Geese und dessen Freundin Astrid Schwochow gemeinsam genutzten Wohnung Otto-Militzer-Str. 5 eintraf. Den Nachmittag verbrachten die Angeklagten zum Teil mit Krafttraining und Fußballspielen. Noch am gleichen Tag offenbarte der Angeklagte Geese gegenüber dem Angeklagten Hamann erstmals konkret sein Anliegen über den vorgesehenen Kunstdiebstahl. Aus dem in seinem Besitz befindlichen Katalog des Museums der bildenden Künste Leipzig, den er im Herbst 1987 bei seinem Besuch dort gekauft hatte, zeigte der Angeklagte das Gemälde *Friedhof im Schnee* von Caspar David Friedrich und erläuterte detailliert seine Absichten mit Hinweisen über die damals getroffenen Feststellungen und die wahrgenommenen begünstigenden Bedingungen. Damit zerstreute er die vom Angeklagten Hamann geäußerten Bedenken. Der Angeklagte Geese holte aus dem im Wohnzimmer stehenden Kleiderschrank den vorbereiteten Mantel mit dem links aufgetrennten Innenfutter, entnahm daraus mit angezogenen Handschuhen die darin schon untergebrachte Collage und stellte sie im Zimmer auf die Anbauwand neben dem Fernseher, so daß sie der Angeklagte Hamann betrachten konnte. Indem der Angeklagte Geese den Mantel auch anzog, demonstrierte er, wie er den Transport des gestohlenen Bildes vorzunehmen gedachte und wie sich der gesamte Handlungsablauf vollziehen sollte. Die Zweifel des Angeklagten Hamann, daß bei der Art der gefertigten

Collage jeder sofort merken würde, ›was los ist‹, zerstreute der Angeklagte Geese mit den Argumenten, es käme nicht laufend ein Kunstkenner an den Bildern vorbei und den Aufsichten würde wegen der ›Betriebsblinheit‹ nicht gleich etwas auffallen. Dem Vorschlag des Angeklagten Hamann, das Original durch ein selbstgemaltes ähnliches Bild zu ersetzen, widersprach der Angeklagte Geese, da es zuviel Zeit beanspruche und zu aufwendig sei. Bei den Gesprächen, die die Angeklagten am Vormittag des 31.1.1988 fortsetzten, zeigte der Angeklagte Geese noch Mütze, Hemd und Hosen, die er am Tattage tragen wollte. Zur Erklärung weiterer Einzelheiten fertigte der Angeklagte Geese eine Skizze, auf der er andeutete, wie im Museum der bildenden Künste Leipzig die Gänge verliefen, die Räume angeordnet sind, wo sich das Bild *Friedhof im Schnee* befindet und vor allem, wo sich der Angeklagte Hamann zur Absicherung des Geschehens hinstellen und aufpassen sollte, um den Angeklagten Geese vor unvorhergesehenen Überraschungen zu schützen. Der Angeklagte Hamann sollte an geeigneter Stelle sowohl Museumsbesucher als auch Aufsichten unbedingt ablenken, um ihm die Flucht zu ermöglichen. Es war vereinbart, daß der Angeklagte Hamann dem Angeklagten Geese beim Nahen von Personen ein Signal geben sollte. Die Angeklagten hatten dabei auch in Erwägung gezogen, daß der Angeklagte Hamann bei Notwendigkeit Personen festhalten oder wegstoßen könnte. Während der Angeklagte Geese den Austausch vornahm, sollte ihm der Angeklagte Hamann den Rücken freihalten. Als Tag des Handelns wurde Donnerstag, der 4.2.1988, 11.00 Uhr vormittags, bestimmt. Dem Angeklagten Hamann war der Termin angenehm, weil er noch krankgeschrieben war und jederzeit zur Verfügung stand. Er sollte sich in seiner Hallenser Wohnung bereithalten, bis ihn der Angeklagte Geese mit dem Pkw abholen würde. Nachdem die Angeklagten alles besprochen hatten, fuhr der Angeklagte Hamann mit dem Motorrad am späten Vormittag des 31.1.1988 nach Hause. Den Museumskatalog nahm er mit, um ihn noch einmal in Ruhe zu studieren.

Wie vereinbart und angezogen wie vorgesehen, erschien der Angeklagte Geese am 4.2.1988 kurz vor 10.00 Uhr in der Wohnung des Angeklagten Hamann, Block 399 Haus 1, Halle-Neustadt 4090. Er war mit dem Pkw Polski Fiat, Farbe grau, polizeiliches Kennzeichen NS 42–88, seiner Mutter vorgefahren und hatte seine Freundin Astrid Schwochow mitgebracht. Während sich Astrid Schwochow mit den Kindern der Familie Hamann beschäftigte, begab sich der Angeklagte Geese ins Bad, wo der Angeklagte Hamann noch mit dem Waschen beschäftigt war. Der Angeklagte Geese drängte ihn, seinen Oberlippenbart abzurasieren, und somit sein Äußeres zu verändern. Der Angeklagte Hamann bekleidete sich mit einer dreiviertellangen schwarzen Kutte mit Doppelknopfleiste, aufgesetzten Taschen und Gürtel, einer aus Mischgewebe und Silastik bestehenden kordähnlichen Schlaghose mit Gürtel und einem weißen langärmeligen Leinenhemd (Größe 39), das drei eingenähte Biesen von der Schulter abwärts besaß.

Zirka 15 Minuten später begaben sich die Angeklagten zum Pkw und fuhren nach Leipzig. Während der Fahrt – im Pkw vorn nebeneinandersitzend – erörterten die Angeklagten nochmals Fragen des bevorstehenden Geschehnisablaufs.

Am 4.2.1988, gegen 11.00 Uhr, erreichten die Angeklagten den in der Nähe des Museums der bildenden Künste Leipzig befindlichen Parkplatz Alter Amtshof, wo sie den Pkw abstellten. Sie verabredeten, sich nach ca. 45 Minuten wieder am Kraftfahrzeug zu treffen. Getrennt liefen sie los. Die Bürgerin Schwochow entfernte sich als erste Richtung Innenstadt. In direkte kriminelle Aktivitäten innerhalb des Museums war sie nicht integriert. Der Angeklagte Geese holte aus dem Kofferraum des Pkw seinen beigefarbenen

Mantel, in dessen Innenfutter sich die Collage befand, sowie die Schirmmütze, legte die Sachen an und begab sich in Richtung Museum. Kurz danach folgte der Angeklagte Hamann. Unterwegs holte der Angeklagte Geese die Brille aus der Manteltasche und setzte sie auf.

Im Museum angelangt, liefen die Angeklagten nach Erwerb der Eintrittskarten im linken Gang in Richtung Café und begannen hinter dem Verkaufskiosk etwa in Höhe des Selbstportraits von Runge den Museumsrundgang. Während der Angeklagte Geese die Bilder nur flüchtig betrachtete, um schneller zum Zielort zu gelangen, ließ sich der Angeklagte Hamann damit mehr Zeit. Alles sollte wie ein normaler Museumsbesuch aussehen. Als der Angeklagte Geese in der Romantikerausstellung den Raum erreicht hatte, in dem das Gemälde des Caspar David Friedrich *Friedhof im Schnee* zu sehen war, betrachtete er vorerst nur einige Bilder in der Nähe des Eingangs und orientierte sich, um zu wissen, wo sich der Angeklagte Hamann gerade befand. Der Angeklagte Hamann sollte sich so postieren, daß er seitlich in den ›Friedrich-Raum‹ einsehen konnte, den gesamten Längsgang zu überblicken fähig war und auf diese Art und Weise den Angeklagten Geese risikolos abschirmen konnte. Bei eventueller Gefahr (Aufsicht, Besucher) mußten seine optischen oder akustischen Zeichen wahrnehmbar sein. Als der Angeklagte Hamann am ersten Romantikerraum eingetroffen war, befand sich der Angeklagte Geese am ›Friedrich-Raum‹. Die Angeklagten hatten nochmals Blickkontakt. Dabei bemerkte der Angeklagte Geese den Angeklagten Hamann in der Nähe einer diensthabenden Aufsicht.

Der Angeklagte Geese wartete infolge seiner Aufregung die Ankunft des Angeklagten Hamann am vereinbarten Standort nicht ab, sondern ging sofort zum Zielobjekt. Zuvor hatte er sich überzeugt, daß in den Romantikerräumen keine Besuche und kein Wachpersonal anwesend waren. Er trat an das Kunstwerk heran, zog sich die Gummihandschuhe über,

nahm die Collage aus dem Mantelfutter,

hob das auf der Grundplatte nur lose mit zwei Schrauben gehaltene Gemälde einschließlich des Schmuckrahmens ab,

legte es mit der Rückseite nach oben auf eine am Fenster des Raumes stehenden Glasvitrine,

schob die beiden 5 cm langen Haltelaschen, die das eigentliche Bild links und rechts im Schmuckrahmen festhielten, zur Seite, entnahm das Original,

versteckte es in der eigens dafür hergerichteten Tasche im Mantelinnenfutter

und legte die Collage in den leeren Rahmen ein.

Dabei entfernte der Angeklagte Geese vom mitgebrachten Pflaster die Schutzfolie, die er unbewußt auf dem Fußboden liegen ließ, und klebte die Streifen (3,8 cm breit, 18 bzw. 22 cm lang) oben und unten fest. Den Schmuckrahmen steckte er wieder auf die Schrauben der mit grauen Stoff bespannten Holzgrundplatte und schritt unmittelbar danach den gleichen Weg, den er gekommen war, die übrigen Bilder nur flüchtig betrachtend, zurück.

Unterwegs hatte der Angeklagte Geese noch eine vorher nicht einkalkulierte Situation zu bewältigen: Das Original mit dem Keilrahmen war schwerer als die Collage, so daß der Beutel im Mantelfutter, in den er das gestohlene Gemälde gesteckt hatte, bis zum Mantelsaum absackte. Das Bild klappte nach links ab und beulte den Mantelstoff sichtbar aus. Diesen für ihn kritischen Umstand versuchte der Angeklagte dadurch zu beheben, daß er die Hände in die Taschen steckte und den Mantel nach hinten zusammenfaltete. Als ihm das Bild beim Laufen an die Beine schlug, mußte er den Mantel ganz nach hinten heben und praktisch ›Hose und Hemd zur Schau stellen‹. Ohne auf den Angeklagten Hamann zu warten oder mit ihm nochmals zu sprechen, verließ er das Museum.

Dem Angeklagten Hamann waren all diese Umstände

entgangen. Er bewegte sich, die Ausstellung betrachtend, unauffällig zum vereinbarten Standpunkt in der Annahme, hier auf den Angeklagten Geese zu treffen. Als er im ›Friedrich-Raum‹ ankam, sah er die Collage schon an der Wand hängen. Ihm war sofort klar, daß der Angeklagte Geese schon alles erledigt und das Museum inzwischen verlassen hatte. Er hob die liegengelassene braune Abdeckfolie auf, um eine zu frühe Entdeckung des Diebstahls zu vermeiden. Trotz seiner gesteigerten inneren Unruhe ging er – anscheinend die Bilder betrachtend und Gelassenheit vortäuschend – den Weg zurück und verließ innerhalb weniger Minuten das Museum.

Der Angeklagte Geese hatte, am Parkplatz angekommen, den Mantel mit dem gestohlenen Werk von Caspar David Friedrich sowie seine Mütze im Kofferraum des Pkw verstaut, auf seine Freundin ca. 5 Minuten gewartet und war mit ihr, den Angeklagten Hamann zurücklassend, inzwischen nach Jena weitergefahren. Der Angeklagte Hamann blieb sich selbst überlassen. Er lief zum Hauptbahnhof, stieg in den Bus und fuhr gegen 14.30 Uhr nach Halle, wo er gegen 16.00 Uhr in seiner Wohnung anlangte.

Ungehalten über die vereinbarungswidrige Entscheidung des Angeklagten Geese zog sich der Angeklagte Hamann zu Hause sofort um und fuhr mit dem Motorrad seines Bekannten nach Jena-Lobeda, wo er zwischen 17.00 und 18.00 Uhr in der Militzer-Str. 5 eintraf. Er äußerte seinen Unwillen über das Verhalten des Angeklagten Geese und berief sich auf dessen Hinweis, nichts zu überstürzen, so daß er den Vorwurf, sich im Museum viel Zeit gelassen zu haben, nicht akzeptierte. Als der Angeklagte Hamann versicherte, im Museum sei nichts aufgefallen, und er habe die liegengelassene Pflasterabdeckfolie beseitigt, beruhigten sich beide und versöhnten sich wieder. Auf die Frage nach dem Verbleib des Diebesgutes äußerte der Angeklagte Geese lediglich, es sei sicher untergebracht und alles in Ordnung. Zu

Gesicht bekam der Angeklagte Hamann das Bild nicht. Er übernachtete in Jena und suchte von dort anderntags direkt seine Arbeitsstelle auf. Es war nach seiner Krankschreibung vom 30.1. bis 4.2.1988 der erste Arbeitstag.

Um möglichst wenig Beweismaterial zu hinterlassen, vernichtete der Angeklagte Geese nach dem Kunstdiebstahl den von ihm getragenen Mantel, die Mütze und die Schuhe auf einer sogenannten wilden Müllkippe, etwa 1 km von seinem Aufenthaltsort entfernt. Er goß Spiritus auf die Gegenstände und verbrannte alles. Das Safarihemd überließ er dem Angeklagten Hamann auf dessen Wunsch.«

Die Aufsicht im Museum, eine ältere Dame, hatte den Diebstahl nicht bemerkt. Ohne besondere Vorkommnisse übergab sie ihren Dienst gegen 13 Uhr an die Kollegin der Nachmittagsschicht. Beim Routinerundgang durch ihren Dienstbereich erkannte diese, dass das Original des Caspar-David-Friedrich-Werks durch eine Collage ersetzt worden war. Sofort verständigte sie den Sicherheitsinspektor des Hauses, dieser die Museumsleitung. Das Entsetzen war groß, der Diebstahl offensichtlich. Die Meldung erreichte um 13.30 Uhr die Polizei.

»Allgemeine Lage des Tatorts: Der Tatort befindet sich im Stadtbezirk Mitte der Stadt Leipzig, es handelt sich um das Dimitroff-Museum, Harkortstraße, Leipzig, 7010. Der Haupteingang zum Museum befindet sich auf der Seite der Harkortstraße. Desweiteren existieren weitere Zu- und Ausgänge, welche durch die Öffentlichkeit nicht benutzt werden können. Im Gebäudekomplex befindet sich das Stadtarchiv Leipzig, politisch motivierte Ausstellungen und im Erdgeschoß im Ostflügel unterhält das Museum für bildende Künste der DDR eine Ausstellung.

Beschreibung des Tatorts: Tatort ist die Galerie ›Romantik des 19. Jahrhunderts‹. Sie befindet sich im Erdgeschoß des Dimitroff-Museum, im Ostflügel des Erdgeschosses. Tatbezogen ist der Ausstellungsraum, der sich dem im Ostflügel befindlichen Notausgang anschließt. Der Raum ist mit einer Tür mit eingebautem Doppelzylinderschloß versehen. Die Tür wurde offen und unbeschädigt vorgefunden. Das Schloß war funktionstüchtig. Gegenüber der Zugangstür befindet sich ein Fenster, welches verschlossen war und keine Beschädigungen aufwies. Von außen ist dieses Fenster vergittert. Dieses Gitter ist unbeschädigt. Vor dem Fenster von innen steht eine Glasvitrine, in welcher sich Gemälde befinden.

An der linken Wand befinden sich verschiedene Gemälde aufgehangen. In der Mitte dieser Wand befindet sich ein türloser Durchgang zu weiteren Ausstellungsräumen. Nach diesem Durchbruch sind an der Wand weitere Gemälde aufgehangen. An der rechten Wand befinden sich insgesamt 6 Gemälde unterschiedlicher Größe aufgehangen. Tatbezogen ist das 4. Gemälde von rechts. Rechts von diesem ist ein Gemälde von Caspar David Friedrich, in den Rahmenmaßen von 120 cm Breite und 96 cm Höhe. Links neben dem tatbezogenen Gemälde hängt ein Gemälde von Carl Gustav Carus mit dem Titel *Friedhof auf dem Oybin* in den Rahmenmaßen von 66, cm Breite und 832 cm Höhe.

Beschreibung des 4. Gemäldes von rechts: An zwei 1 mm starken Stahldraht ist ein Holzbrett in den Maßen von 60 cm Höhe und 52 cm Breite und einer Stärke von 40 mm befestigt. Dieses Brett ist mit grauem Spannstoff überzogen. Im Zentrum dieses Brettes ist ein goldfarbener mit Ornamenten verzierter Rahmen befestigt. Die Befestigung des Rahmens auf dem Brett erfolgte durch zwei Holzschrauben in der Stärke von 4x50 mm von der Rückseite des Brettes in die Rückseite des Rahmen. Die Senkköpfe der Holzschrauben sind in das Holz hineingezogen. Das Ausmaß des aufgeschraubten Bilderrahmen war 40 cm hoch und 33 breit. Im Bilderrahmen befindet sich eine dreiteilige Collage. Diese drei Teile setzen sich in den Ausmaßen wie folgt zusammen:

Oberteil:	18,5 cm Höhe,	25 cm Breite
Mittelteil:	5,0 cm Höhe,	25 cm Breite
Unterteil:	7,5 cm Höhe,	25 cm Breite
Gesamthöhe:	31,0 cm	

Diese Collage wurde von hinten in den Bilderrahmen eingelegt und oben und unten mit Heftpflaster 3,8 cm Breite befestigt. Die eine Länge des Heftpflasters beträgt 22 cm, die andere 18 cm. Die an der rechten und linken Seite des Rahmens angebrachten 5 cm langen Metalltaschen wurden weiterhin zur Befestigung der Collage verwendet. Durch die Befestigungsart der Collage hatte diese einen leicht welligen Zustand.

Nach Angaben der Museumsleitung wurde am 4.2.1988 gegen 13.15 Uhr durch eine Aufsicht festgestellt, daß in einem Ausstellungsraum des Erdgeschosses ein Originalgemälde von Caspar David Friedrich *Friedhof im Schnee*, Größe 25,3 x 31 cm, entwendet wurde. Der unbekannte Täter hatte sich in den für jeden zugängigen Ausstellungsraum begeben, hat das Originalbild aus dem Rahmen genommen und statt diesem einen Druck eingesetzt. Das Originalbild war mit dem Rahmen auf eine Holzplatte aufgeschraubt und diese Holzplatte mittels Draht an der Decke befestigt. Das Bild hing in Augenhöhe. Der Täter hat die Holzplatte gedreht, die zwei Holzschrauben herausgedreht und den Rahmen abgehoben. Danach konnte er das Bild, welches nur durch 2 drehbare Haltewinkel gehalten wurde, aus dem Rahmen nehmen. Der vorbereitete Druck, der aus drei zusammengeklebten unterschiedlichen Drucken besteht und eine Winterlandschaft darstellt, wurde eingesetzt und mit zwei Heftplasterstücken befestigt. Danach wurde das Bild (Druck mit Rahmen) wieder auf die Holzplatte geschraubt und diese wieder an die Originalstelle gedreht. Bei der Spurensuche wurde der Fußboden vor dem Bild mit abgeklebt. Der Rahmen, die Holzplatte sowie der Druck wurden mittels Spurensicherungsmittels auf Papillarleistenspuren untersucht. Von Rahmen und Platte wurden Geruchsspuren genommen. Der Tatort wurde fotografiert. Die Fenster und Türen des Erdgeschoßbereiches wurden auf Verschlußsicherheit überprüft. Es konnten keine Anzeichen eines gewaltsamen Eindringens festgestellt werden.

Das Wort ›DREITEILER‹ auf der Vorderseite, im unteren Teil, wurde in Großbuchstaben geschrieben. Im Gegensatz dazu ist die Schreibleitung auf der Rückseite in Großbuchstaben (zweimal ›S‹) und in Kleinbuchstaben ausgeführt. Ein Vergleich ist deshalb nicht möglich. Beide Schreibleistungen erreichen nicht die Qualität, um eine Schrifturheberschaftsbestimmung vornehmen zu können. Eine Gruppenidentifizierung von Schreibern ist jedoch möglich.

Der auf der Vorderseite hauptsächlich im mittleren Bereich der Collage vorhandenen Handzeichnungen (Gerätestiele, Kreuze, Gras) sind entsprechend der Strichstruktur mit brauner Farbstofftinte, die mittels Faserschreiber verschrieben wurde, gefertigt und mit Graphitstift und schwarzem Fettstift getönt worden. Teile des Grases sind nur mit Graphitstift gezeichnet.

Zum Schreiben der Eintragung ›1945 Sp. v. Stern.‹ Auf der Rückseite der Collage, zum Anfertigen der Handzeichnungen und zum Kaschieren einer Beschädigung im unteren Teil der Collage wurde braune Faserschreibertinte mit gleichen Gruppeneigenschaften benutzt. Das Wort ›DREITEILER‹ auf der Vorderseite, im unteren Teil, kann mit brauner Faserschreibertinte geschrieben worden sein.« Die Tatzeit wurde vom 3.2.1988 16 Uhr bis 4.2.1988 13.15 Uhr eingeschränkt.

Ein von den Staatlichen Kunstsammlungen Dresden eingefordertes Gutachten stellt fest: »Das Gemälde *Friedhof im Schnee* von Caspar David Friedrich ist geschütztes Kulturgut im Sinne von § 2 des Kulturgutschutzgesetzes vom 3.7.1980, weil es nach § 2, Abs. 3, Ziffer 1 Eigentum des Museums für bildende Künste Leipzig ist und damit nach Ziffer 4 zugleich

Volkseigentum darstellt, weil es ferner nach der 1. Bestimmung zum Kulturgutschutzgesetz vom 3.7.1980 § 1, Absatz 7 zur bildenden Kunst gehört. Als Begründer der deutschen romantischen Landschaftsmalerei ist das malerische Werk von CDF von hohem künstlerischem Wert und von internationaler Bedeutung. Das o. g. Gemälde gehört zum staatlichen Museumsfond (GB1 I/78 Nr. 14, 165). Es gehört zur Kategorie ›S‹ (besonders wertvoll). Nach den gegenwärtig zugänglichen Versteigerungssummen beträgt der etwaige Zeitwert mindestens 1,5 Millionen DM.«

Nach dem erfolgten Raub »am Tage des Ereignisses, am 4.2.1988, verließ der Angeklagte Geese umgehend nach der Ankunft in Jena gegen 13.30 Uhr seine Wohnung und brachte das gestohlene Kunstwerk mit dem Pkw seiner Mutter zur Wohnung seines Bekannten Safranski, Ernst-Schneller-Straße 6, Jena-Lobeda, 6902, der sich zu dieser Zeit im Ausland befand. Der Angeklagte Geese hatte einen Schlüssel zu dessen Abstellbox Nr. 156, den er bekam, weil beide hier die gemeinsam genutzten Kraftsportgeräte lagerten. Der Angeklagte entfernte zunächst vom Keilrahmen des entwendeten Gemäldes mit Sandpapier die aufgebrachte Inventarnummer 1733 sowie den Besitzvermerk des Museums für bildende Künste Leipzig und schliff später die an den Rahmenseiten angebrachten, mit Schreibmaschine beschriebenen Aufkleber ›Caspar David Friedrich‹ und ›London 1973‹ ab. Das in eine Windel eingeschlagene Bild versteckte er im untersten Fach (von vier Fächern) des in der Box stehenden, etwa 80 cm hohen Schrankes. Er legte es dort auf eine Babydecke.«

Die Polizei hatte kaum Spuren von den Tätern. Die Ermittlungsarbeiten gestalteten sich schwierig und erwiesen sich umfangreicher als erwartet. Die mögliche Tatzeit erstreckte sich auf mehr als 20 Stunden. Der diensttuende Pförtner in besagter Nacht, hatte vorschriftswidrig bereits gegen 5 Uhr seinen Wachdienst beendet: Er reiste in den Vormittagsstunden mit seiner Familie in den Urlaub. In den 400 Räumen des Reichsgerichts waren 1988, abgesehen vom Museum der bildenden Künste, weitere 16 Institutionen wie die Zentralstelle für deutsche Personen- und Familiengeschichte, das Institut für Länderkunde, das Staatsarchiv Sachsen und ein Defa-Synchronstudio untergebracht. »In den sechs alten Senatssälen und den Konferenzzimmern finden zudem Tagungen und Schulungen statt, mitunter bei einem Hörerwechsel von zwei Stunden. Die Polizei mag es nicht recht glauben, aber in den paar Vormittagsstunden haben sich 2.500 Personen, hier beschäftigte oder Besucher, im Haus aufgehalten.«

Die Ermittler entschlossen sich zur sofortigen Öffentlichkeitsfahndung. Bereits zwei Tage nach erfolgtem Raub las man in den Zeitungen der DDR und über deren Grenzen hinaus: »Gemäldediebstahl in Leipzig. Aus dem Museum der bildenden Künste Leipzig (im Dimitroff-Museum) wurde in der Zeit vom 3. Februar 16 Uhr bis 4. Februar 13 Uhr, das Ölgemälde von Caspar David Friedrich *Friedhof im Schnee* durch unbekannte Täter entwendet und durch eine Fälschung ersetzt. Das historisch wertvolle Gemälde trägt die Signatur des Malers aus dem Jahre 1826 und hat die Größe von 31 x 25,3 Zentimeter. Durch die Deutsche Volkspolizei sind umfangreiche Maßnahmen zum Wiederauffinden des Bildes sowie zur Feststellung des Täters eingeleitet worden. Sachdienliche Hinweise zur Aufklärung des Diebstahls, die auf Wunsch vertraulich behandelt werden, nimmt jede Dienststelle der Volkspolizei entgegen.« Mehr noch: Das Fernsehen übertrug die internationale Pressekonferenz. Die Vermutungen über den Täterkreis reichten hin zu mafiöser Auftragsarbeit oder psychisch kranken Kunstliebhabern. Das Echo auf den Bilderdiebstahl ist weltweit groß, doch zu den Tätern führt er nicht.

Die Polizei bittet den Kriminalpsychologen der Sektion Kriminalistik der Humboldt-Universität zu Berlin um Mithilfe. Dieser zieht auch aus der dreiteiligen Collage Schlüsse: »Die Farbstimmung ist auf den ersten Blick einheitlich, die Dreiteilung entspricht dem Bildaufbau des gestohlenen Bildes. Ergänzungen zum Originalbild, z. B. die schiefen Holzkreuze mit der Jahreszahl 1826 wurden dilettantisch hineingemalt, aber die Anmutung des Originals ist trotz vieler Unterschiede schon beachtlich. Auf dem Platz wo gewöhnlich die Signatur des Malers steht, steht jetzt: ›DREITEILER‹. Und damit hatte der Täter sein Ziel, den Diebstahl nicht gleich auffallen zu lassen, mit Bravour erreicht.«

Der Psychologe meint: »Die Collage verrate ›zielgerichtete, kreative Phantasie, Flexibilität des Denkens und handlungsbezogene Intelligenz – gepaart aber gleichzeitig mit Oberflächlichkeit, mangelndem Sinn fürs Detail und fehlender Akkuratesse (Schlampigkeit im Materialumgang).‹ Aufgrund dieser Charaktereigenschaften schließt er in seinem Gutachten aus, dass sich der Täter nachts im Museum versteckt hätte – das wäre ihm viel zu aufwendig gewesen. Nach Ansicht des Kriminalpsychologen war der Täter höchstens eine halbe Stunde im Museum, und zwar in einer Zeit, als nur geringer Publikumsverkehr herrschte. Er vermutet auch, daß ein Komplice als Aufpasser mitgewirkt hatte. Als mögliches Tatmotiv gab er an, daß sich der Kunstdieb nach Ausreise und Verkauf des Bildes eine materielle Basis für ein gesichertes Leben in der Bundesrepublik Deutschland schaffen wollte.« Einen Auftrags-Diebstahl hält der Gutachter für ausgeschlossen.

In Jena »glaubte der Angeklagte Geese im April 1988, sein Freund Safranski käme auf Urlaub. Das Versteck in der Abstellkammer erschien ihm daher zu unsicher. Er holte das Kunstwerk von dort weg und brachte es in sein Zimmer in der ehemals gemeinsamen elterlichen Wohnung, Wilhelm-Pieck-Str. 34, Jena-Lobeda. Unter dem untersten Schubkasten des Kleiderschrankes klebte er es, noch in der Windel verpackte, mit 4 cm breitem Klebeband fest.«

Ein reichliches halbes Jahr bleibt das Gemälde für die Ermittler unauffindbar. Zu den Tätern führt keine Spur, bis »der Polizei in Halle von einer Bürgerin der Hinweis zugeht, ein gewisser Per-Uwe Hamann aus ihrem Bekanntenkreis brüstete sich, ›ein absolutes Ding mitgedreht‹ zu haben. Die Frau beruft sich auf zugesicherte Vertraulichkeit, will keinesfalls genannt werden. Sie zögerte mit ihrer Anzeige so lange, weil sie fürchtete, die Polizei in die Irre zu führen. Ob sie sich der Zusammenhänge bewußt ist, bleibt im dunkeln. Die Hallenser Polizisten jedenfalls sehen keine Verbindung zum Leipziger Kunstraub, ›do Hamann‹ ist für sie ein ›alter Bekannter‹. Der eben 30jährige junge Mann hat es bereits auf sieben Freiheitsstrafen gebracht. Sein Sündenregister reicht von Autodiebstahl, Rowdytum und Einbruchsdiebstahl bis hin zu Körperverletzung. Seit zwei Jahren wieder auf freiem Fuß, geht er als Kranführer einer geregelten Arbeit nach und lebt mit Frau und drei Kindern in scheinbar geregelten Verhältnissen. Da ihn aus früheren Straftaten erhebliche Zahlungsverpflichtungen belasten, liegt jedoch die Vermutung nahe, daß er über Einbrüche sein durch Pfändungen geschmälertes Einkommen aufbessert. Die Hallenser Kripo ist nicht weiter überrascht, als sie bei einer Haussuchung auf Diebesgut stößt, erstaunt ist sie aber über dessen Umfang: Es stammt aus etwa 50 (!) verschiedenen Einbrüchen. Hamann wird sofort verhaftet.«

Als Mario Geese von der in anderer Sache angeordneten Inhaftierung des Angeklagten Hamann in Halle erfuhr, wusste er nicht, »was nunmehr geschehen würde, und fand das zweite Versteck ebenfalls nicht mehr sicher genug. Deshalb wählte der Angeklagte Geese einen Schalensessel mit braunem Kunstleder und zwei braunen Schaumgummipolstern, der sich in der gleichen Wohnung (Wilhelm-Pieck-Str.

20) befand, als neuen Unterbringungsort aus. Das Sitz- und Rückpolster legte er beiseite, setzte sich auf einen Hocker, nahm den Sessel, drehte ihm um 180 Grad, so daß die Rückenlehne vor seinen Unterschenkeln stand und die Sitzfläche auf seinen Oberschenkeln zu liegen kam. Danach lockerte er an der Sesselstirnseite die Metallklammern mit einem Schraubendreher und zog sie einzeln mit einer Zange heraus. Durch die so gelöste Bodenbespannung erreichte er in der Größe der Sesselgrundfläche einen ca. 15 cm hohen Hohlraum, der mit festem Schaumstoff ausgeschlagen war. Er hob die gelöste Bespannung leicht an und schob das in die Windeleinlage – sie stammte aus dem Besitz seiner Schwester Carmen – verpackte und mit Klebeband umwickelte Gemälde in die Öffnung ein. Das ganze befestigte er ringsherum mit 15 cm langen Klebestreifen – ähnlich Laschen – an der Auflagefläche des Sessels und verstärkte die Haftung mit einigen Reißzwecken. Am Schluß bog er die entfernten Klammern wieder zurecht, steckte sie in die vorhandenen Löcher in den Stoff und das Holz und schlug sie mit leichten Hammerschlägen fest, so daß der Originalzustand wieder hergestellt war.«

Um der Entdeckung zu entgehen, suchte Mario Geese »wenige Tage später (27./28.10.1988) Hamanns Wohnung auf, ließ sich von der Ehefrau unter einem Vorwand den Katalog des Museums der bildenden Künste Leipzig, den der Angeklagte Hamann noch in Besitz hatte, aushändigen, riß die Seiten heraus und warf ihn die Toilette. Dem Angeklagten Geese ging es darum zu verhindern, daß der Katalog eines Tages als Beweismittel gefunden werden könnte.

Im November 1988 verkaufte die Freundin des Angeklagten Geese aus ihrer Wohnung Wilhelm-Pieck-Str. 20, Jena-Lobeda, (polizeilich gemeldet) ihre dort stehende Polstersitzecke an die Mutter des Angeklagten Geese. Diese Polstermöbel wurden daher zur Wilhelm-Pieck-Str 34 ins Kinderzimmer (Zimmer des Angeklagten Keller) der ehemals gemeinsamen Wohnung der Familie Geese, in der die Mutter des Angeklagten Geese verblieben war, gebracht. Dort aufgestellt, erschienen die Wohnverhältnisse etwas beengt. Der Angeklagte entschied sich am gleichen Tag, den Schalensessel vorübergehend in der schon fast leergeräumten Wohnung seiner Freundin Astrid Schwochow, Wilhelm-Pieck-Str. 20, Jena-Lobeda, wo auch der Bruder seiner Freundin mit Kind lebte, zu deponieren.

Beim Transport des Schalensessels von der Wilhelm-Pieck-Str. 34 in die Wilhelm-Pieck-Str 20 stellte der Angeklagte Geese fest, er konnte es an der Bespannung des Sesselhohlraumes fühlen, daß die Klebestreifen, mit denen er das Bildpaket befestigt hatte, offenbar nicht hielten und sich gelöst hatten. Das Bild lag innen auf der unteren Sesselbespannung. Aus diesem Grund entfernte er an gleicher Stelle wie zuvor die Metallklammern der Sesselbodenbespannung noch einmal, ebenso die Reußzwecken und Klebestreifen. Er überlegte sich eine neue Variante der Unterbringung, die substantielle Beschädigungen des Gemäldes ausschloß. Das erschien ihm umso notwendiger, als der Sessel nunmehr außerhalb seines Wohnbereiches stand und Beeinträchtigungen beim Saubermachen durch Familie Schwochow, ungeschicktes Anfassen oder beim Spiel des Kindes möglich waren.

Aus dem Schrank seiner Freundin, der noch in der Wilhelm-Pieck-Str. 20 stand, nahm der Angeklagte Geese roten Übergardinenstoff, klebte ihn mit Zweikomponentenkleber an den vier Seiten in etwa 10 cm breiten Streifen in den Hohlraum des Sessels und fertigte eine Art flachen Beutel. Danach legte er ein Holzschneidebrett aus dem Haushalt der Familie Schwochow auf den Keilrahmen des Bildes hinten auf, so daß es die Leinwand zur Sitzfläche und das Holzbrett nach unten zeigte und den gewünschten Schutz brachte. Das in die Windel eingeschlagene und mit Klebestreifen auf dem Brett befestigte Bild schob er anschließend in den im Sesselhohlraum geschaffenen Beutel, den er vollends verschloß. Zum Schluß steckte der Angeklagte Geese die Metallklammern wieder in die Originallöcher des Sesselrahmens und schlug sie über der Bodenbespannung mit dem Hammer fest.

An einem Nachmittag im Dezember 1988 hatte ein Mitbewohner in Anwesenheit des Angeklagten Geese und dessen Freundin die Kerzen eines Adventskranzes unkontrolliert brennen lassen. Die Kerzen erfaßten das Tannenreisig des Adventskranzes, der auf einem Holzteller stand. Der Brand wurde rechtzeitig bemerkt und gelöscht, so daß er nicht auf den Tisch und den unmittelbar davor stehenden Schalensessel, in welchem sich das Gemälde befand, übergreifen konnte.«

Im Gefängnis Halle wurden dem Wachpersonal Äußerungen Hamanns zugetragen, dass er an einem großen Ding beteiligt gewesen sei. Die Polizei wurde aufmerksam, und Hamann begriff. »Es wird ihm wieder einmal nichts anderes übrig bleiben, als ja zu sagen. Er wird gestehen, mit der Sache herausrücken. Er ist wieder einmal schwach geworden. Hat in der Zelle geprahlt. Was er nicht alles an Geheimnissen mit sich herumschleppt. Das Wissen um diesen Kunstdiebstahl in Leipzig zum Beispiel. Das traute ihm niemand zu. Und nun hat sein Zellenkumpel gesungen und erhofft sich dadurch Vergünstigungen.«

Per-Uwe Hamann wird zum Verhör geführt und gesteht seine Mittäterschaft am Leipziger Gemäldediebstahl. »Ich kenne den Geese, wenigstens ein Jahr lang waren wir die besten Kumpels in Brandenburg, im Knast.« Das Bild *Friedhof im Schnee*, sagt Hamann, habe er im Leben nie gesehen. Geese habe es sicher versteckt. Und bekommen habe er dafür bislang noch nichts. »Ich habe für meine Mitarbeit bei der Tat wirklich nichts bekommen, kein bißchen versprochene Elektronik.« Das beigefarbene Safari-Hemd sei aller Lohn gewesen.

Es war der langersehnte Ermittlungsansatz für die Polizei. Eine winzige »Teilfingerspur« am »DREITEILER« der Collage war identisch, der Täter überführt. Mario Geese wurde am Tag vor Heiligabend 1988 in Jena-Lobeda verhaftet. Er leugnete. Es wurden lange Tage und Verhöre in der Untersuchungshaft. »Herr Geese, wir wissen, wir haben mit Ihnen den Täter. Sie werden uns noch sehr genau sagen, wie alles geschehen ist. Aber vielmehr als das interessiert uns: Wo ist das Bild, wo ist der *Friedhof im Schnee?* Herr Geese, Sie werden eine lange Strafe absitzen müssen. Sie werden sich viele Jahre nicht um Ihre Beute kümmern können. Was, wenn sie zerstört wird, für ewig verloren ist, ein Kunstwerk, ein einmaliges Stück deutscher Kultur? Sie würden ein Leben lang dafür zahlen müssen.«

Laut Protokoll sagte Mario Geese: »Mir wurde von den Kriminalisten klargemacht, welche Verantwortung ich für das Bild hatte und daß ich keine Kontrolle mehr darüber besaß während meiner Haft. So gab ich das Versteck preis, um das Bild in Sicherheit zu wissen, nicht wegen des Schadenersatzes. Den hätte ich sowieso nie zahlen können.«

Im Beutel unterm Schalensessel mit Windeln umwickelt »wurde das Gemälde *Friedhof im Schnee* von Caspar David Friedrich bei der Durchsuchung am 13.1.1989 gegen 10.00 Uhr vormittags in Jena-Lobeda, Wilhelm-Pieck-Str. 20, vom Ermittlungsorgan aufgefunden.«

Es war sofort klar: »Das am 13.1.1989 im obengenannten Schalensessel durch das Ermittlungsorgan vorgefundene Gemälde, welches an das Museum der bildenden Künste zurückgegeben wurde, ist eindeutig das am 4.2.1988 entwendete Originalgemälde *Friedhof im Schnee* von Caspar David Friedrich. Die Identität wurde aufgrund des allgemeinen Eindrucks und bestimmter charakteristischer Einzelheiten zweifelsohne festgestellt (kreisförmiges Krakelee in der unteren Bildzone, eingeschlossenes Pinselhaar und Übereinstimmung mit den Kriterien der Zustandsprotokolle von 1978 und 1985). Das Gemälde *Friedhof im Schnee* gehört zu den in der DDR geschützten Kulturgütern der Kategorie I. Es verkörperte zum Zeitpunkt des Diebstahls, am 4.2.1988, einen Wert von 1.000.000 M. es handelt sich um ein weithin bekanntes Werk des bedeutenden Landschaftsmalers der deutschen Romantik und ist zu den unersetzlichen Meisterwerken in den Museen der DDR zu zählen. Sein Verlust hätte eine nicht ausgleichbare Lücke in der wertvollen Romantikersammlung des Museums für bildende Künste hinterlassen. Durch seinen hohen künstlerischen Rang und die Tatsache, daß es als einziges Gemälde Friedrichs eine Jahreszeit aufweist, kommt ihm eine hohe kunsthistorische Bedeutung zu. Die nach dem Wiederauffinden des Gemäldes festgestellten nur geringfügigen Schäden können durch konservatorische Eingriffe beseitigt werden.

Obwohl ein in jeder Hinsicht detaillierter Plan zur Ausschleusung des Kunstwerks in die BRD sowie zur Art und Weise der Veräußerung in diesem Land noch nicht vorhanden war, stand für den Angeklagten Geese die adäquate Absicht fest. Bereits im Zusammenhang mit der Entschlußfassung, das Bild zu entwenden bzw. aus dem Bestand des Museums der bildenden Künste Leipzig zu entfernen, verfolgte der Angeklagte das Ziel, das Bild als sogenanntes Startkapital nach Ausreise in die BRD zu nutzen. Er hatte in Erwägung gezogen, daß die Veräußerung des Gemäldes unter Umständen erst nach einem längeren Zeitraum und nach Zustandekommen der ›notwendigen Beziehungen‹ realisierbar ist.«

Die Fakten waren ermittelt. Der Fall war abgeschlossen. Der 3. Strafsenat des Bezirksgerichts Leipzig tagte in der Hauptverhandlung vom 29.6., 3.7., 4.7. und 10.7.1989, klärte die Lebensumstände der Angeklagten und die ihrer Tat in allen Einzelheiten und kam zu seinem begründeten Urteil.

»Der Angeklagte Geese wurde mit seiner jüngeren Schwester von den Eltern erzogen. Nach der Scheidung der

Ehe der Eltern im Jahr 1978 lebte er bei seiner Mutter. Er besuchte die Polytechnische Oberschule in Jena-Lobeda bis zur 10. Klasse und schloß die Prüfung mit durchschnittlichen Leistungen ab. Danach nahm er im VEB Carl Zeiss Jena eine zweijährige Lehre als Elektromechaniker auf, die er 1981 beendete.

Mit Urteil vom 22.3.1982 wurde der Angeklagte Geese wegen teils als Alleintäter, teils als Mittäter und teils als Gehilfe begangenen mehrfachen versuchten und vollendeten verbrecherischen Diebstahls persönlichen Eigentums, Diebstahl sozialistischen Eigentums und gemeinschaftlich begangener unbefugter Benutzung von Fahrzeugen mit einer Freiheitsstrafe von vier Jahren und sechs Monaten zur Verantwortung gezogen. Gegenstand des damaligen Strafverfahrens war u. a., daß sich der Angeklagte mit einem weiteren Beteiligten zusammengeschlossen hatte. Beide hatten in äußerst massiver und skrupelloser Art und Weise vorwiegend mittels Einsteigens bzw. Einbrechens aus Wohnungen von Geschädigten vorwiegend wertintensive kunstgewerbliche und Gebrauchsgegenstände sowie Bargeld entwendet. Am 26.2.1982 war dem Angeklagten Geese wegen Vergehens der vorsätzlichen Körperverletzung eine Freiheitsstrafe auferlegt worden. Mit Beschluß vom 6.4.1982 wurde unter Einbeziehung der Freiheitsstrafen aus den vorangegangenen Verurteilungen eine Hauptstrafe von insgesamt vier Jahren und elf Monaten gebildet, die bis zum 10.7.1986 verwirklicht wurde. Voraussetzungen für eine vorzeitige Entlassung aus dem Strafvollzug waren wegen des wiederholten kritikwürdigen Verhaltens des Angeklagten nicht gegeben.

Am 21.7.1986 begann der Angeklagte Geese als Elektromontierer im ehemaligen Lehrbetrieb. Diese Tätigkeit übte er bis Juli 1987 aus. Seine Leistungen lagen weit unter dem Kollektivdurchschnitt. Er arbeitete unkonzentriert, und seine Qualität war nicht kontinuierlich. Der Angeklagte Geese kündigte, weil ihm die Arbeit nicht mehr gefiel. Danach blieb er ohne Arbeitsrechtsverhältnis. Er trainierte täglich Kraftsport. Der Angeklagte Geese wurde während seiner Nichtarbeit von seiner Mutter unterstützt, Geldzuweisungen bekam er von seiner Freundin.«

»Der Angeklagte Hamann entstammt einer kinderreichen Arbeiterfamilie. Er wuchs infolge gestörter Familienverhältnisse nur die ersten Jahre im Elternhaus auf. Der Angeklagte Hamann lief von zu Hause weg, lebte einige Zeit bei seiner Großmutter und wurde letztlich im Kinderheim erzogen.

Seit 1973 mußte der Angeklagte Hamann siebenmal, davon sechsmal mit Freiheitsentzug überwiegend wegen Diebstahls und unbefugter Benutzung von Fahrzeugen bestraft werden. Mit Urteil vom 5.8.1981 war ihm wegen mehrfachen verbrecherischen Diebstahls sozialistischen und persönlichen Eigentums, teilweise tateinheitlicher mehrfacher gemeinschaftlicher vorsätzlicher Beschädigung sozialistischen Eigentums und vorsätzlicher Sachbeschädigung, begangen in Tateinheit mit Beeinträchtigung der öffentlichen Ordnung und Sicherheit durch asoziales Verhalten sowie wegen vorsätzlicher Körperverletzung eine Freiheitsstrafe von drei Jahren und vier Monaten auferlegt worden. Letztmalig wurde der Angeklagte Hamann am 20.10.1982 wegen Vergehens der schweren Körperverletzung zu einer Freiheitsstrafe von einem Jahr und vier Monaten verurteilt. Die Freiheitsstrafen wurden bis zum 16.10.1986 verwirklicht.

Der Angeklagte Hamann hatte die 8. und 9. Klasse der POS in einem Spezialkinderheim absolviert. Die 10. Klasse schloß er im Jugendhaus mit dem Prädikat ›Gut‹ ab. Im Strafvollzug erlernte er den Beruf eines Möbeltischlers.

Der Angeklagte Hamann war seit dem 4.11.1986 im VEB Kombinat Metallaufbereitung, Werk Halle, beschäftigt. Sein Einsatz erfolgte zunächst als Anbinder und nach Erlangung einer entsprechenden Qualifikation als Brückenkranfahrer. Im Betrieb war der Angeklagte stets pünktlich, vollbrachte gute Arbeitsergebnisse. Zu den Kollegen seines Kollektivs hatte er einen guten Kontakt.

Der Angeklagte Hamann ist seit Dezember 1986 in zweiter Ehe verheiratet. Aus dieser Ehe gingen zwei Kinder hervor.

Seit dem 11.10.1988 ist der Angeklagte Hamann wegen einer Vielzahl von Eigentumsdelikten in anderer Sache inhaftiert.«

»Die Angeklagten verbüßten bis 1986, wie bereits ausgeführt, eine mehrjährige Freiheitsstrafe in der Strafvollzugseinrichtung Brandenburg. Der Angeklagte Hamann übte dort eine Tätigkeit als Elektriker und der Angeklagte Hamann zuletzt eine solche als Schlosser aus. Da sie im gleichen Haus untergebracht und im gleichen Kommando eingesetzt waren, lernten sie sich im Laufe der Zeit, speziell ab 1985, näher kennen. Beide trieben Kraftsport und entwickelten gleiche Interessen. Sie beschäftigten sich intensiv mit Literatur über bildende Kunst; der Angeklagte Geese vorwiegend mit Werken der Romantik, der Angeklagte Hamann, der zudem gern zeichnete, dagegen mit der Antike.

Als der Angeklagte Geese im Juli 1986 entlassen wurde und die Entlassung des Angeklagten Hamann am 16.10.1986 bevorstand, versprachen sich beide, zukünftig brieflich in Verbindung zu bleiben und sich gegenseitig zu besuchen. In der Folgezeit unterhielten sie tatsächlich Kontakte.« Die schließlich zum Diebstahl des Gemäldes *Friedhof im Schnee* aus dem Museum der bildenden Künste in Leipzig führten.

Mario Geese hatte, kaum entlassen, wie seine Freundin einen Antrag auf »ständige Ausreise aus der DDR« gestellt und wollte sein Lebensglück im westlichen Teil Deutschlands versuchen. Natürlich war er sich bewusst, dass er sich nicht würde sofort alles leisten können, was die kapitalistische Gesellschaftsordnung bot. Aus diesem Grunde hatte er nach Möglichkeiten gesucht, die diesen Engpass schnell beheben konnten. Ein Gemälde von Caspar David Friedrich schien ihm dafür bestens geeignet. Fernsehsendungen hatten von den Millionenerlösen seiner Bilder berichtet.

»Der Angeklagte Hamann sollte für seine Hilfe materiell entgolten werden. Da seine finanzielle Situation als angespannt einschätzte, war das Angebot des Angeklagten Geese für ihn Anreiz. Der Angeklagte Hamann trug sich beispielsweise mit dem Gedanken, als ›seinen Anteil‹ wertvolle Gegenstände zu erhalten, die er in Bargeld umsetzen konnte. Auch ihm war zum Zeitpunkt der Tatbegehung bekannt, daß das Gemälde *Friedhof im Schnee* sehr wertvoll ist.

Dieser wesentliche Sachverhalt beruht auf den Einlassungen der Angeklagten. Die Angaben der Angeklagten im Ermittlungsverfahren wurden in dem aus dem Protokoll der Hauptverhandlung ersichtlichem Umfang durch Verlesung (§ 224 Abs. 2 StPO) zum Gegenstand der Beweisaufnahme gemacht. Der sachverständige Zeuge Obermuseumsrat Dr. Webersinke, die Zeugin Frau Petzold und der Kollektivvertreter Keller wurden vernommen. Als Sachverständiger sagte Museumsrat Dr. Thärichen aus. Die Strafregisterauszüge der Angeklagten, das Urteil des Bezirksgerichts Gera vom 22.3.1982 (Akte BSB 36/82, Bl. 186 – 193 d.A.), das Urteil des Kreisgerichts Jena vom 26.2.1982, der Beschluß vom 6.4.1982 über die nachträgliche Hauptstrafenbildung und die Führungsberichte der StVE Brandenburg vom 5.4. und 12.4.1984 (Akte S 38/82, Bl. 36 – 39, 54, 64 und 68 d.A.), das Urteil des Bezirksgerichts Magdeburg vom 5.8.1981 (Akte BSB 336/81, Bl. 150 – 160 d.A.), das Urteil des Kreisgerichts Brandenburg vom 20.10.1982 (Akte S 560/82, Bd. IV, Bl. 12 d.A.), der Bericht über die operative Spurenauswertung vom 23.2.1988 (Bd. I, Bl. 44 – 48 d.A.), der kriminaltechnische Auswertungsbericht Daktyloskopie zur Collage (Bd. I, Bl. 49 – 51 d.A.), das Gutachten über die Papillarleistenspuren und Vergleichsabdrücke vom 28.12.1988 (Bd. I, Bl. 52 – 58 d.A.), der Auswertungsbericht vom 25.1.1989 (Bd. I, Bl. 60 – 61 d.A.), der Auswertungsbericht vom 31.1.1989 über Handschriften (Bd., Bl. 43 a) und b), 64 – 65 d.A.), das Tatortuntersuchungsprotokoll vom 4.2.1988 (Bd. I, Bl. 7 – 9 d.A.), die Mitteilung des Direktors des Museums der bildenden Künste Leipzig einschließlich des unmittelbaren Tatortes (Bd. I, Bl. 10 – 20, 21 – 22 d.A.; Bd. VI, Bl. 106 d.A.), das Übergabeprotokoll (Bd. V, Bl. 33 d.A.), das Protokoll über die Durchsuchung/Beschlagnahme vom 13.1.1989 bezüglich Schwochow, Astrid, Jena-Lobeda, Wilhelm-Pieck-Str. 20, mit Bildbericht zur Durchsuchung (Bd. V, Bl. 28, 36 – 42 d.A.), das Besichtigungsprotokoll und die Fotoanlagenkarte des zeitweiligen Bilderverstecks in einer Abstellkammer (Bd. VI, Bl. 102 – 103 d.A.), die Fotoanlagekarte des zeitweiligen Bilderverstecks in der Wohnung – Kleiderschrank – (Bd. VI, Bl. 104 – 105 d.A.), vom Angeklagten Hamann gefertigte Skizzen (Bd. IV, Bl. 60, 87, 88 d.A.), das Protokoll über die Durchsuchung/Beschlagnahme vom 16.1.1989 – Angeklagter Hamann – (Bd. IV, Bl. 5 d.A.), das Protokoll über die freiwillige Herausgabe vom 3.3.1989 durch Matthias Schwochow und die dazugehörige Bildanlagenkarte (Bd. V, Bl. 44, 48 – 49 d.A.), die Reste des Originalpflasterstreifens, mit denen die Collage am Schmuckrahmen befestigt war (Bd. VI) und die Collage (Bd. VI) wurden zum Gegenstand der Beweisaufnahme gemacht.

Das Geständnis der Angeklagten in der Hauptverhandlung wurde nach den Grundsätzen der Richtlinie des Plenums des Obersten Gerichts zu Fragen der gerichtlichen Beweisaufnahme und Wahrheitsfindung im sozialistischen Strafprozeß vom 15.6.1988 (vgl. OGI 1988/4, S. 3 ff., besonders Abschnitt IV) geprüft. Es ist konkret und ausführlich. Die Angaben der Angeklagten stimmen in den wesentlichen Teilen mit den Zeugenaussagen und den materiellen Beweismitteln überein. Aus diesen Beweismitteln ergeben sich daher keine Zweifel am Wahrheitsgehalt des Geständnisses.

Widersprüche in einigen Details des Handlungsablaufes, die zum Teil durch unterschiedliche Erinnerungsvermögen der Beteiligten erklärbar sind, waren für die Beurteilung der strafrechtlichen Verantwortlichkeit der Angeklagten unbeachtlich. Beispielsweise äußerten sie sich unterschiedlich zu Einzelheiten des Gesprächs im Pkw Polski Fiat während der Fahrt von Halle nach Leipzig, zur Art und Weise des Betretens des Museums der bildenden Künste Leipzig am 4.2.1988 (gemeinsam bzw. nacheinander) und zur Frage, inwieweit sich der Angeklagte Hamann mit einer Aufsicht im Museum unterhalten bzw. diese lediglich gegrüßt hatte. Nicht eindeutig klärbar war ferner, ob sich die Angeklagten nach dem Diebstahl des Bildes durch den Angeklagten Geese nochmals mittels Blickkontakt verständigt hatten und in welchem Umfang die Freundin des Angeklagten Geese, Astrid Schwochow, an einigen Handlungskomplexen beteiligt war. Derartige Feststellungen sind nicht verfahrensrelevant, zumal sich die Anklage nicht auf die Bürgerin Schwochow erstreckt. Insoweit ist der Senat nicht befugt, eine weitergehende Beweiswürdigung vorzunehmen (§ 187 Abs. 1 StPO).

Soweit der Angeklagte Geese in der Hauptverhandlung vortrug, das Gemälde von Caspar David Friedrich entwendet zu haben, um in den Besitz eines wertvollen Kunstwerks zu sein, nicht aber beabsichtigte, das Gemälde zu veräußern, werden seine Einlassungen durch nichts gestützt. Derartiges Vorbringen widerspricht dem tatsächlichen Handlungsablauf (Beseitigung möglichst aller Spuren der Straftat, Verstecken des Gemäldes, mehrfacher Wechsel des Versteckes). Es steht seinen Einlassungen entgegen, sich für den Diebstahl des Gemäldes *Friedhof im Schnee* auch deshalb entschieden zu haben, weil er aus einer Sendung des BRD-Fernsehens den enormen Versteigerungserlös eines anderen Bildes von Caspar David Friedrich erfahren hatte. Der Angeklagte Geese hatte sich zur Problematik der Ausschleusung des Gemäldes und des beabsichtigten Verkaufs im Ermittlungsverfahren geäußert. Die in diesem Umfang zum Gegenstand der Beweisaufnahme erhobenen Beschuldigtenvernehmungen bestätigte er ausdrücklich. Letztlich stehen seine diesbezüglichen Angaben in den vorgenannten Beschuldigtenvernehmungen im Einklang mit den Einlassungen des Angeklagten Hamann.

Bezüglich des Zeitwerts des Gemäldes von Caspar David Friedrich *Friedhof im Schnee* am Tattag (4.2.1988) besteht Übereinstimmung zwischen der Aussage des Sachverständigen Dr. Thärichen und der Aussage des sachverständigen Zeugen Dr. Webersinke. Der finanzielle Wert des Bildes, dessen Schätzung mit konkreten Fakten untermauert wurde, bezifferte sich auf mindestens 1.000.000 M bis zu etwa 2.500.000 M. Da der Wert des Kunstwerks sich nicht konkreter ermitteln läßt, war zugunsten der Angeklagten nicht vom geschätzten Höchstwert des Gemäldes zum Tatzeitpunkt (1 Million Mark) auszugehen. Laut Aussage des sachverständigen Zeugen Dr. Thärichen sind zum jetzigen Zeitpunkt nur geringfügige Schäden, die durch restauratorische Eingriffe beseitigt werden können, zu konstatieren. Folgeschäden, die zu einem unbestimmten Zeitpunkt auftreten können, wurden nicht eindeutig ausgeschlossen. Da solche nicht zweifelsfrei beweisbar sind, wurden sie den Angeklagten nicht angelastet.

Das Handeln der Angeklagten war rechtlich wie folgt zu würdigen:

Der Angeklagte Geese erfüllte den Tatbestand des § 158 Absatz 1 StGB in der 1. Alternative, indem er das Gemälde von Caspar David Friedrich *Friedhof im Schnee* am 4.2.1988 aus dem Museum der bildenden Künste Leipzig entwendete. Er verursachte eine schwere Schädigung des sozialistischen Eigentums im Sinne des § 162 Absatz 1 Ziffer 2 StGB. Eine solche ist gegeben, wenn der durch die Straftat herbeigeführte Schaden etwa 10.000 M beträgt (vgl. Urteil des Obersten Gerichts vom 16.3.1972 – 2 Zst 4/72 – in OG NJ 1972/9, S. 270 und Materialien der 8. Plenartagung des Obersten Gerichts vom 18.4.1984 in OGI 1984/3, S. 13). Bei dem relevantem Schaden von 1.000.000 M bedarf es dazu keiner weiterer Ausführungen. Gemäß § 81 Absatz 3 StGB erfolgt die Anwendung des § 162 Absatz Ziffer 1 StGB in der Neufassung des Strafgesetzbuches vom 14.2.1988 (GBl. I Nr.3 vom 31.1.1989).

Der Angeklagte Geese verwirklichte tateinheitlich gemäß § 63 Absatz 2 StGB die Voraussetzungen des § 12 Abs. 1, Absatz 3 Ziffer 1 des Gesetzes zum Schutz des Kulturgutes der Deutschen Demokratischen Republik – Kulturschutzgesetz – vom 3.7.1980 (GBl. I Nr. 20 S. 191). Durch die Herausnahme des Gemäldes von Caspar David Friedrich *Friedhof im Schnee* aus dem Schmuckrahmen, die Wegnahme und die Entfernung des Gemäldes aus dem Bestand des Museums der bildenden Künste Leipzig wirkte er in anderer Weise schädigend auf Kulturgut der DDR ein. Das Gemälde ist geschütztes Kulturgut der DDR im Sinne § 2 Absatz 1 und 2 Ziffer 1 Kulturgutschutzgesetz. Der Angeklagte Geese verursachte durch die Tat eine schwere Schädigung des Kulturgutes, die sich wegen der Bedeutung, des außerordentlichen Wertes und der Unersetzbarkeit des Gemäldes *Friedhof im Schnee* aus dessen Zugehörigkeit zur Gesamtheit der Kulturgüter der DDR ergibt.

Der Angeklagte Geese machte sich der Vorbereitung und Ausfuhr von Kulturgut der DDR entgegen den Rechtsvorschriften im schweren Fall gemäß § 12 Absatz 1, Absatz 3 Ziffer 1, Absatz 5 Kulturgutschutzgesetz schuldig. Durch das Verstecken des Gemäldes von Caspar David Friedrich *Friedhof im Schnee*, den mehrmaligen Wechsel des Versteckes, das geschickte Verbergen des Bildes, hatte er gemäß § 21 Absatz 2 StGB objektiv Voraussetzungen und Bedingungen für die Ausführung der geplanten Straftat geschaffen, ohne mit der Ausführung zu beginnen. Das Entwicklungsstadium der Vorbereitung der vorgenannten Straftat ist auch subjektiv gegeben. Der Angeklagte hatte die Ausführung der Straftat in ihren wesentlichen Zügen geplant, indem er das

Gemälde mit der Zielstellung versteckte, es in die BRD zu schleusen, dort gewinnbringend abzusetzen, wobei damit letztlich eine schwere Schädigung des Kulturgutes der DDR impliziert wurde.

Der Angeklagte Hamann verwirklichte die Voraussetzungen des § 22 Absatz 2 Ziffer 3 StGB in bezug auf die Tatbestände der §§ 158 Absatz 1, 162 Absatz 1 Ziffer 1 StGB in der Neufassung des Strafgesetzbuches vom 14.12.1988 (§ 81 Absatz 3 StGB), § 12 Absatz 1, Absatz 3 Ziffer 1 Kulturgutschutzgesetz. Er leistete dem Angeklagten Geese zur begangenen Straftat Hilfe, indem er nach vorheriger Vereinbarung die Aufgabe übernommen hatte, bei eventueller Annäherung von Besuchern und Aufsichten rechtzeitig zu warnen, sie abzulenken oder am Einschreiten zu hindern. Die Beihilfe im Sinne der ersten Alternative des § 22 Absatz Ziffer 3 StGB bezieht sich auf den Wegnahmediebstahl und den Tatbestand der in anderer Weise schädigenden Einwirkung auf Kulturgut der DDR im schweren Fall, da tateinheitliches Handeln gemäß § 63 Absatz 2 StGB zu konstatieren ist. Der Vollständigkeit halber wird zur Beihilfe in Form der Rat- und Tathilfe auf die Grundsätze aus Kommentar zum StGB, Staatsverlag der DDR, Berlin 1987, S. 100 Ziffer 6 verwiesen.

Beide Angeklagten handelten vorsätzlich gemäß § 6 Absatz 1 StGB. Dabei bezieht sich der Vorsatz jeweils auch auf die Verwirklichung des schweren Falles im Sinne der obengenannten Bestimmungen, da den Angeklagten der hohe kulturhistorische und finanzielle Wert des Gemäldes *Friedhof im Schnee* im wesentlichen bekannt war. Letzteres war Ausgangspunkt für die Straftatbegehung überhaupt.

Aus dem Umfang der schweren Schädigung des sozialistischen Eigentums in Höhe von mindestens 1.000.000 M und der bereits ausgeführten schweren Schädigung des Kulturgutes geht zwingend hervor, daß das Vorgehen der Angeklagten Geese und Hamann einen gesellschaftsgefährlichen

Angriff auf das sozialistische Eigentum und auf Kulturgut der DDR darstellt. Demzufolge trägt das strafbare Handeln der Angeklagten verbrecherischen Charakter (§ 1 Absatz 3 StGB). Das begründet die Anwendung der strafverschärfenden Bestimmung des Rückfalls gemäß § 44 Absatz 2 StGB bezüglich aller Delikte. Die Angeklagten sind bereits wegen Verbrechens bestraft und begingen erneut ein Verbrechen.

Bei der Strafzumessung ging der Senat von den Grundsätzen des § 61 StGB aus. Die objektive Schädlichkeit des strafbaren Handelns der Angeklagten wird durch den strafrechtlich relevanten Schaden, die Art und Weise der Tatbegehung und die Folgen der Tat wesentlich bestimmt.

Der Angriff der Angeklagten war geeignet, das Kulturgut der Deutschen Demokratischen Republik in seiner Gesamtheit zu schädigen. Gegenstand des strafbaren Handelns war ein Kunstwerk, dessen große künstlerische und kulturhistorische Bedeutung unbestritten ist. Es ist zugrunde zu legen, daß es sich bei dem Gemälde von Caspar David Friedrich *Friedhof im Schnee* um ein weithin bekanntes Werk des bedeutendsten Landschaftsmalers der deutschen Romantik handelt. Der Verlust des Bildes, welches unwiederbringlich und unersetzlich ist, hatte eine nicht ausgleichbare Lücke in der wertvollen Bildersammlung des Museums für bildende Künste Leipzig hinterlassen. In diesem Zusammenhang ist der im Schlußvortrag des gesellschaftlichen Anklägers geäußerten Auffassung, daß das Kunstwerk durch die Straftat der Angeklagten dem Zugang einer breiten Öffentlichkeit entzogen war, zuzustimmen. Dazu kommt, daß das Gemälde *Friedhof im Schnee* zum Zeitpunkt der Straftatbegehung – am 4.2.1988 – einen finanziellen Wert von mindestens 1.000.000 M verkörperte und die Angeklagten damit eine außerordentlich schwere Schädigung des sozialistischen Eigentums verursachten.

Bezüglich des Angeklagten Geese hatte der Senat desweiteren zu berücksichtigen, daß der Angeklagte die Straftat seit Monaten vorbereitet hatte. Er plante jeden einzelnen Abschnitt des Handlungsablaufes – unter anderem beginnend mit der Herstellung der Collage, der Vorbereitung entsprechender Kleidung bis zur eigentlichen Diebstahlshandlung im Museum der bildenden Künste Leipzig und zum Verstecken des Gemäldes nach der Entfernung aus dem Museum – gründlich und intensiv. Die Art und Weise der Tatbegehung ist sehr überlegt und durchaus raffiniert, indem der Angeklagte Geese zur Vermeidung seiner Identifizierung zur Ausführung der Wegnahmehandlung Handschuhe benutzte und das entwendete Gemälde in einem eigens dafür umgearbeiteten und im Innenfutter des Mantels befestigten Beutel aus dem Museum trug. Außerdem ersetzte er, damit die Straftat nicht sofort bemerkt werden sollte, das Original des Gemäldes von Caspar David Friedrich *Friedhof im Schnee* durch eine Collage nach Motiven des vorgenannten Gemäldes. Schließlich war der Angeklagte vor und nach dem Entfernen des Bildes aus dem Museum bestrebt, wie geplant, sämtliche Gegenstände, die ihn hätten als Täter belasten können, zu vernichten (z. B. Beseitigen der Reste des Herstellungsmaterials der Collage und Verbrennen der zur Tatbegehung benutzten Kleidungsstücke).

Die vorgenannten, die sehr hohe Schädlichkeit des strafbaren Handelns des Angeklagten Geese kennzeichnenden Umstände wirken sich gleichzeitig auf den mit ihr im Zusammenhang und Wechselwirkung stehenden Grad der Schuld aus.

In die erhebliche Schuldschwere geht ein, daß der Angeklagte Geese der geistige Urheber und Initiator des deliktischen Handelns ist. Er war es, der den Angeklagten Hamann zur Mitwirkung veranlaßte. Der Angeklagte Geese handelte mit großer Intensität des Täterwillens und nutzte von ihm festgestellte Umstände – wie z. B. den geringen Besucherverkehr in der Mittagszeit, Mängel im Sicherheitssystem des Museums – kaltblütig für die Tatbegehung aus. Er handelte gewissenlos, ohne Scheu vor der Erhabenheit des Kunstwerkes, und verfolgte konsequent und bedenkenlos das Ziel, sich durch den Diebstahl des Gemäldes und dessen beabsichtigte Veräußerung nach Ausschleusung aus der DDR finanzielle Mittel zu verschaffen. Demzufolge liegt bei dem Angeklagten Geese ein ausgeprägtes Vorteils- und Bereicherungsstreben vor. Für die Beurteilung des Grades der Schuld ist ferner beachtlich, daß der Angeklagte bereits wegen äußerst massiv und auf skrupellose Art und Weise begangener Eigentumsdelikte, vorwiegend wegen Diebstahls wertintensiver kunstgewerblicher- und Gebrauchsgegenstände sowie von Bargeld, mit einer Freiheitsstrafe von vier Jahren und sechs Monaten zur Verantwortung gezogen werden mußte. Die erneute Tatbegehung zeigt, daß der Angeklagte Geese als hartnäckiger und offensichtlich unbelehrbarer Rückfalltäter zu charakterisieren ist.

Zugunsten des Angeklagten Geese ist zu werten, daß er sich nach Einleitung des Ermittlungsverfahrens und nach seiner Festnahme entschlossen hatte, wenn auch zunächst allmählich, zur Wahrheitsfindung mit beizutragen, so daß das Gemälde von Caspar David Friedrich *Friedhof im Schnee* im wesentlichen unversehrt an das Museum der bildenden Künste Leipzig zurückgegeben werden konnte. Der Angeklagte Hamann leistete im Vergleich zum Angeklagten Geese einen weniger intensiven Tatbeitrag. Seine Mitwirkung ist allerdings nicht von untergeordneter Bedeutung, da er vereinbarungsgemäß die Absicherung der vom Angeklagten Geese im Museum der bildenden Künste Leipzig begangenen Straftat übernommen hatte. Er ermöglichte bzw. erleichterte somit dem Angeklagten Geese die Straftatbegehung, setzte das für den Angeklagten Geese bestehende Risiko des Entdecktwerdens während der Tatausführung herab und trug unter diesen Gesichtspunkten maßgeblich zum Gelingen der geplanten Straftat bei.

In den Grad der Schuld des Angeklagten Hamann geht ein, daß er keine Skrupel hatte, sich an einem derartig schwerwiegenden Delikt zu beteiligen, aber nicht der Initiator war. Er erhoffte sich aus der Straftat materielle Vorteile, um seine angespannte finanzielle Situation zu verbessern. Dabei war es dem Angeklagten Hamann, obwohl ihm Bedeutung und Wert des Kunstwerks nicht unbekannt waren, gleichgültig, daß das Gemälde aus dem Bestand des Museums der bildenden Künste Leipzig auf die genannte Art und Weise entfernt werden sollte. Der Angeklagte ist bereits siebenmal, davon sechsmal mit Freiheitsentzug, und überwiegend wegen Eigentumsdelikten bestraft. Die erneute Tatbegehung zeigt, daß er daraus keine Schlußfolgerungen für künftig gesellschaftsgemäßes Verhalten gezogen hatte.

Zugunsten des Angeklagten Hamann ist zu berücksichtigen, daß er nach Einleitung des Ermittlungsverfahrens umfassend zur Wahrheitsfindung beigetragen hatte. Sein Tatbeitrag und seine Tatschuld sind insgesamt weitaus geringer als beim Mitangeklagten Geese.

Unter Beachtung des Grundsatzes der Differenzierung war deshalb bei der Bemessung der Höhe der aufgrund der beträchtlichen Tatschwere zwingend auszusprechenden Freiheitsstrafen deutlich zu unterscheiden. Unter Würdigung aller Umstände erkannte der Senat bezüglich des Angeklagten Geese auf eine Freiheitsstrafe von zwölf Jahren und bezüglich des Angeklagten Hamann auf eine solche von vier Jahren.

Gemäß § 48 Absatz 1 Ziffer 1 und 2 StGB war hinsichtlich der Angeklagten Geese und Hamann zusätzlich auf staatliche Kontrollmaßnahmen durch die Deutsche Volkspolizei zu erkennen. Die Angeklagten offenbarten im Zusammenhang mit der von ihnen begangenen Straftat eine hartnäckige demonstrative Mißachtung ihrer gesellschaftlichen Pflichten. Es ist deshalb begründet zu erwarten, daß selbst nach Vollzug der Freiheitsstrafen eine verstärkte Kontrolle ihres Verhaltens unbedingt notwendig ist, um erneute Straftaten zu verhindern (vgl. Gemeinsamer Standpunkt zur

Anwendung der §§ 47, 48, 238 und 249 Absatz 5 StGB vom 16.4.1984 in OGI 1984/3, S. 32, 33).

Die getroffene Entscheidung erging in Übereinstimmung mit dem Antrag des Vertreters des Bezirksstaatsanwaltes. Sie wird dem Anliegen des gesellschaftlichen Anklägers, welcher eine konsequente und differenzierte Bestrafung forderte, gerecht.

Die Verteidiger der Angeklagten Geese und Hamann vertraten die Auffassung, daß das Handeln der Angeklagten den Tatbestand des § 12 Absatz 1, Absatz 3 Ziffer 1 Kulturschutzgesetz (bezüglich des Angeklagten Hühne in Verbindung mit § 22 Absatz 2 Ziffer 3 StGB) nicht erfülle, soweit es die Alternative der in anderer Weise schädigenden Einwirkung auf Kulturgut der DDR betrifft. Dazu wurde vorgetragen, daß am Gemälde *Friedhof im Schnee* keine Schädigung (im Sinne eines Sachschadens) eingetreten sei. Der Schutz bedeutenden Kulturgutes, wie es das relevante Gemälde darstellt, geht über die bloße physische Schädigung des Kunstwerks hinaus. Die Schädigung im Sinne des schweren Falles des Kulturschutzgesetzes bezieht sich auf die Gesamtheit des Kulturgutes der DDR. Dieses ist durch die Art und Weise der Wegnahme und des Entfernens aus dem Bestand des Museums für bildende Künste Leipzig beeinträchtigt.

Der Einwand des Verteidigers des Angeklagten Geese, eine über 10 Jahre hinausgehende Freiheitsstrafe sei im konkreten Fall trotz Vorliegens der Voraussetzungen des § 44 Absatz 2 StGB nicht zulässig, da § 64 Absatz 3 StGB nicht gegeben sei, wird nicht vom Gesetz getragen.

Im übrigen wird darauf hingewiesen, daß der Senat die Mitwirkung der Angeklagten im Ermittlungsverfahren, die Rückführung des im wesentlichen unversehrten Gemäldes und sämtliche weiteren zugunsten der Angeklagten zu wertenden tat- und persönlichkeitsbezogenen Umstände berücksichtigte. Bei einem strafrechtlich relevanten Schaden von mindesten 1.000.000 M werden die von der Verteidigung beantragten Freiheitsstrafen bezüglich des Angeklagten Geese in Höhe von acht Jahren und des Angeklagten Hamann von drei Jahren der beträchtlichen Tatschwere nicht gerecht. Indem bezüglich des Angeklagten Hamann die gesetzliche Mindestfreiheitsstrafe bei Rückfalltätern nach § 44 Absatz 2 StGB nicht erheblich überschritten wurde, ist der Grundsatz der Differenzierung bei der Strafzumessung im vollen Umfang beachtet.

Die Entscheidung über die Auslagen des Verfahrens stützt sich auf §§ 362 und 364 StPO.« Mit den weiteren Delikten belief sich Per-Uwe Hamanns Haftzeit auf acht Jahre. Die beiden Verurteilten traten ihre Strafen an.

Obwohl die Staatsanwaltschaft meinte, Mario Geeses Freundin Astrid Schwochow habe den Diebstahl per Rat und Hilfe unterstützt, wurde das Verfahren gegen sie eingestellt, »da die Angeschuldigte weder von der Vorbereitung eines konkret beabsichtigten Diebstahls und dessen Ausführung noch vom Transport des Diebesgutes oder dessen Aufbewahrung Kenntnis gehabt hat, kann sie keine Ratschläge dafür erteilt oder aktive Hilfeleistungen am Tage des Ereignisses erbracht haben. Weitere Beweismöglichkeiten für ein strafrechtlich relevantes Tun der Sch. sind ausgeschlossen.« Für ihre Haftzeit gab es für Astrid Schwochow eine Entschädigung zum üblichen Tagessatz.

»Zwölf Jahre musste Geese nicht absitzen, und kaum in Freiheit angelangt, war er wieder in der kriminellen Szene aktiv. Als Teil der ›Schlapphut-Bande‹, benannt nach ihrer markanten Kopfbedeckung. In einer der größten Serien von Raubüberfällen der Nachkriegszeit wurden der Bande seit 2002 insgesamt 52 brutale Raubüberfälle – meist auf Banken und Sparkassen – in sieben Ländern zur Last gelegt.« Beute: mehr als 3,6 Millionen Euro.

Am 29. Juli 2007 meldet die Potsdamer Presse: »Auf ihre geliebte breitkrempige Kopfbedeckung müssen die beiden angeklagten Bankräuber wohl lange verzichten. Für die Mitglieder der so genannten ›Schlapphutbande‹ hat die Staatsanwaltschaft langjährige Haftstrafen gefordert. Der 43 Jahre alte Mario G. soll für 14 und sein sechs Jahre älterer Komplize Harald R. für zehn Jahre ins Gefängnis. Das Landgericht schloss am gestrigen Verhandlungtag auch eine Verurteilung zu einer Sicherungsverwahrung nach dem Verbüßen der Strafe nicht aus. Dann könnten die beiden Männer nie mehr auf freien Fuß kommen. Nach diesem Hinweis des Vorsitzenden Richters an die Angeklagten wurde die ursprüngliche für Freitag geplante Urteilsverkündung auf den 10. August verschoben. Die Verteidiger können bis dahin ein neues Plädoyer für ihre Mandanten erarbeiten. Sie hatten zunächst Freiheitsstrafen unter 10 Jahren verlangt.

Eine Sicherungsverwahrung wird in Deutschland äußerst selten ausgesprochen. Nur wenn die Gesellschaft vor den Straftätern auch nach dem Ende der Freiheitsstrafe geschützt werden muss, greifen die Gerichte auf diese Möglichkeit zurück. Für beide Angeklagten ist eine Höchststrafe von 15 Jahren möglich.

Bei ihren meistens mit brachialer Gewalt und vorgehaltenen Waffen verübten Überfällen auf Banken und Sparkassen sowie Auto- und Schrotthändler waren die bis zu zehn Bandenmitglieder stets mit Schlapphüten maskiert gewesen. Die vor allem im Laufe des vergangenen Jahres festgenommenen Männer stammen aus Berlin, Thüringen und Polen. Ein Tatbeteiligter hatte während der Überfallserie in Berlin sogar in Haft gesessen und sich während seiner Freigänge an den Taten beteiligt. Zeitweise waren mehr als 1.000 Beamte an der Aufklärung der Taten und der Suche nach den Verdächtigen beteiligt.

In der Regel hatte es die Bande auf kleine Bankfilialen mit einem oder zwei Angestellten abgesehen. Mit Maschinenpistolen bewaffnet, zwangen sie das Personal zur Herausgabe des Geldes. Dann brausten sie mit ihren zuvor gestohlenen Fluchtfahrzeugen davon. Kein Überfall dauerte länger als fünf bis acht Minuten.

Die beiden vor dem Landgericht Potsdam stehenden Männer sollen bei mehreren Banküberfällen zwischen Januar 2003 und Oktober 2004 insgesamt mehr als 400.000 Euro erbeutet haben. Zu ihren Tatorten gehörte auch eine Bank in Görzke (Potsdam-Mittelmark). Bereits im Januar waren sie vom Landgericht Gera wegen eines Überfalls auf einen Schrotthändler in Thüringen zu jeweils vier Jahren und neun Monaten Gefängnis verurteilt worden.

Die übrigen Mitglieder der Bande sind wegen des ›Tatort-Prinzips‹ in anderen Bundesländern angeklagt: Dort, wo sie die Taten begangen haben. So schossen zwei in Göttingen auf einen Taxifahrer, der einen Banküberfall beobachtet und die Verfolgung aufgenommen hatte. Eine Kugel traf den Kopf des Mannes, er überlebte schwer verletzt. Deshalb müssen sich diese beiden Männer in Niedersachsen wegen versuchten Mordes verantworten. Sie waren im August 2005 nach dem Angriff auf den Taxifahrer ausfindig gemacht und festgenommen worden. ›Mit Blick auf das Waffenarsenal der Täter gehe ich davon aus, dass noch Menschen zu Tode gekommen wären, wenn die Bande nicht gefasst worden wäre‹, hatte der Potsdamer Oberstaatsanwalt bei der Vorstellung der Ermittlungsergebnisse gesagt.«

Auch in Mario Geeses Heimatstadt Jena führen seine kriminellen Spuren. Zum 120. Tag des NSU-Prozesses musste er am 25. Juni 2014 vorm Gericht in München erscheinen: »Der 50-jährige Mario G. wird zu den Köpfen der ›Schlapphut-Bande‹ genannten Räubergruppierung gezählt, die in den Jahren nach der Jahrtausendwende in Deutschland mehr als 50 Banken mit Waffengewalt ausgeraubt haben sollen. Geladen wurde der verurteilte Straftäter, um ihn über ein Tauschgeschäft zu befragen, über das beim Bundeskriminalamt 2012 einen Tipp einging. In den Jahren 2003 oder

2004 soll der im NSU-Prozess wegen Beihilfe zum Mord angeklagte Jenaer Neonazi Ralf Wohlleben gegen eine Pistole
ein Gerät zum Überbrücken elektronischer Wegfahrsperren
eingetauscht haben, eine große Hilfe zum Klauen von Au-
tos.«

Quellen

Akten des Sächsischen Staatsarchivs Leipzig

Medien: u. a. Meyers Lexikon, Lexikon der Kunst, *Leipziger Volkszeitung, Leipziger Tageblatt, Die Union, Bild, Spiegel, Die Zeit, Wochenpost, NBI*

Bachmann, Manfred: *Dresdner Gemäldegalerie. Alte und neue Meister.* Leipzig 1990.

Cottin, Markus/Mundus, Doris (Hg.): *450 Jahre Altes Rathaus zu Leipzig. Neue Forschungsergebnisse.* Leipzig 2009.

Feix, Gerhard: *Das große Ohr von Paris.* Berlin 1971.

Fellmann, Walter: *... doch das Messer sieht man nicht. Merkwürdige Kriminalfälle und sensationelle Prozesse.* Leipzig 1994.

Gleisberg, Dieter (Hg.): *Meisterzeichnungen. Museum der bildenden Künste Leipzig.* Leipzig 1990.

Guratzsch, Herwig (Hg.): *Vergessene altdeutsche Gemälde. 1815 auf dem Dachboden der Leipziger Nikolaikirche gefunden.* Leipzig 1997

Harnisch, Rudolf: *Der goldene Kelch.* Berlin 1986.

Hipp, Anette: *Schutz von Kulturgütern in Deutschland.* Berlin-New York 2000.

Hocquél, Wolfgang: *Leipzig. Architektur von der Romantik bis zur Gegenwart.* Leipzig 2004.

Hoff, Peter: *Polizeiruf 110.* Berlin 2001

Hoyer, Eva Maria (u. a.): *Meisterwerke aus dem Grassimuseum Leipzig. Museum für Kunsthandwerk.* Halle/S. 1999.

Korall, Harald: *Der gestohlene Friedhof und zwei weitere Fälle.* Berlin 2012.

Liebermann von Sonnenberg, Erich/Trettin, Otto: *Kriminalfälle.* Berlin 1934

Löschburg, Winfried: *Der Raub der Mona Lisa. Kunstdiebstähle, die die Welt erregten.* Berlin 1977.

Löschburg, Winfried: *Leere Bilderrahmen, geköpfte Tempelgötter. Kunstdiebstähle der letzten Jahrzehnte.* Berlin 2000.

Malet, Léo: *Bilder bluten nicht. Krimi aus Paris.* Reinbek 1990.

Mittmann, Wolfgang/Klausmann, Curt: *Die geheime K1 der DDR. Fälle, Fakten, Fahnder.* Leipzig 2006

Müller, Gerd: *Hier Kripo Leipzig ... Geschichte der Leipziger Kriminalpolizei.* Leipzig 2011.

Mundus, Doris: *Das Alte Rathaus in Leipzig.* Leipzig 2003.

Nippert, Erwin: *Die Maske des Kunsthändlers.* Berlin 1989.

Rodekamp, Volker (Hg.): *Thema M1. Jahresbericht 1997/98.* Leipzig 1998.

Schmidt, Hans-Werner (Hg.): *Museum der Bilden Künste Leipzig. Führer durch die Sammlungen.* München 2006.

Schurich, Frank-Rainer: *Darauf können Sie Gift nehmen. Kleines Kuriositätenlexikon der Kriminalgeschichte.* Berlin 2013.

Thiele, Rudolf: *Meister der niederländischen Kunst des 17. Jahrhunderts. Museum der bildenden Künste Leipzig.* Leipzig 1973.

Thormann, Olaf (u.a.): *Die Museumschronik von den Anfängen bis zum Jahr 1929. Museum für Kunsthandwerk Leipzig.* Leipzig 2003.

Verkehrs Verein Leipzig (Hg.): *500 Jahre Jubelfeier der Universität Leipzig.* Leipzig 1909.

Weber, Karl Heinz: *Museumsräuber.* Berlin 1976.

Winkler, Gerhard: *Museum der bildenden Künste Leipzig.* Leipzig 1979.

Wittgen, Tom: *Die Stiftsdame.* Berlin 1985.